En honor a Nuestra
Señora de Guadalupe

YO SOY la Virgen de Guadalupe
libro para colorear

ISBN-13: 978-1496049209
ISBN-10: 1496049209

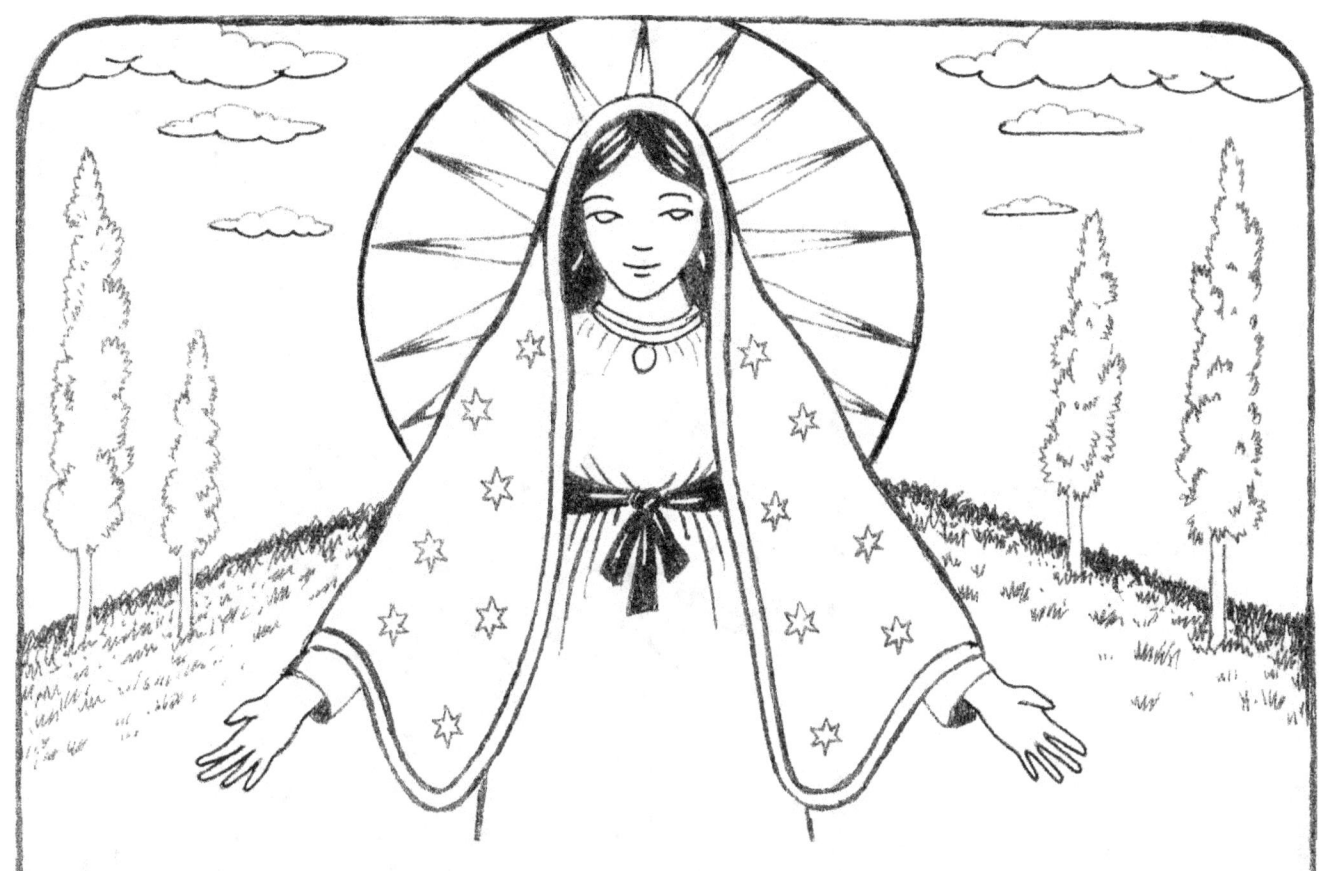

YO SOY la Virgen de Guadalupe libro para colorear

Obra original de James Joseph Roderick con la edición y contribución creativa de Naomi Lake.

Este es el segundo de una serie de libros para colorear de Jimmy y Naomi.
Dedicado a nuestros hijos, Jacob, Aaron, Nathaniel, y Eden, y a nuestros nietos, Zayna, Ezra, Paloma, Penelope, Iris, y Zion.

1. Rosas
2. Corona
3. Bandera
4. Tonantzin
5. Ojos
6. Velas
7. La Vela
8. Jardín
9. Círculo de hadas
10. Mariposas
11. La Mariposa
12. Jaguares
13. Fogata
14. Bebedero
15. Creciendo
16. Alcanzando
17. Guru
18. Gran Maravilla
19. Balanceada
20. Libertad
21. Motocicleta
22. Mujer "Búfalo Blanco"
23. Planchando
24. Lupita
25. Lentes
26. Frida
27. Tejiendo

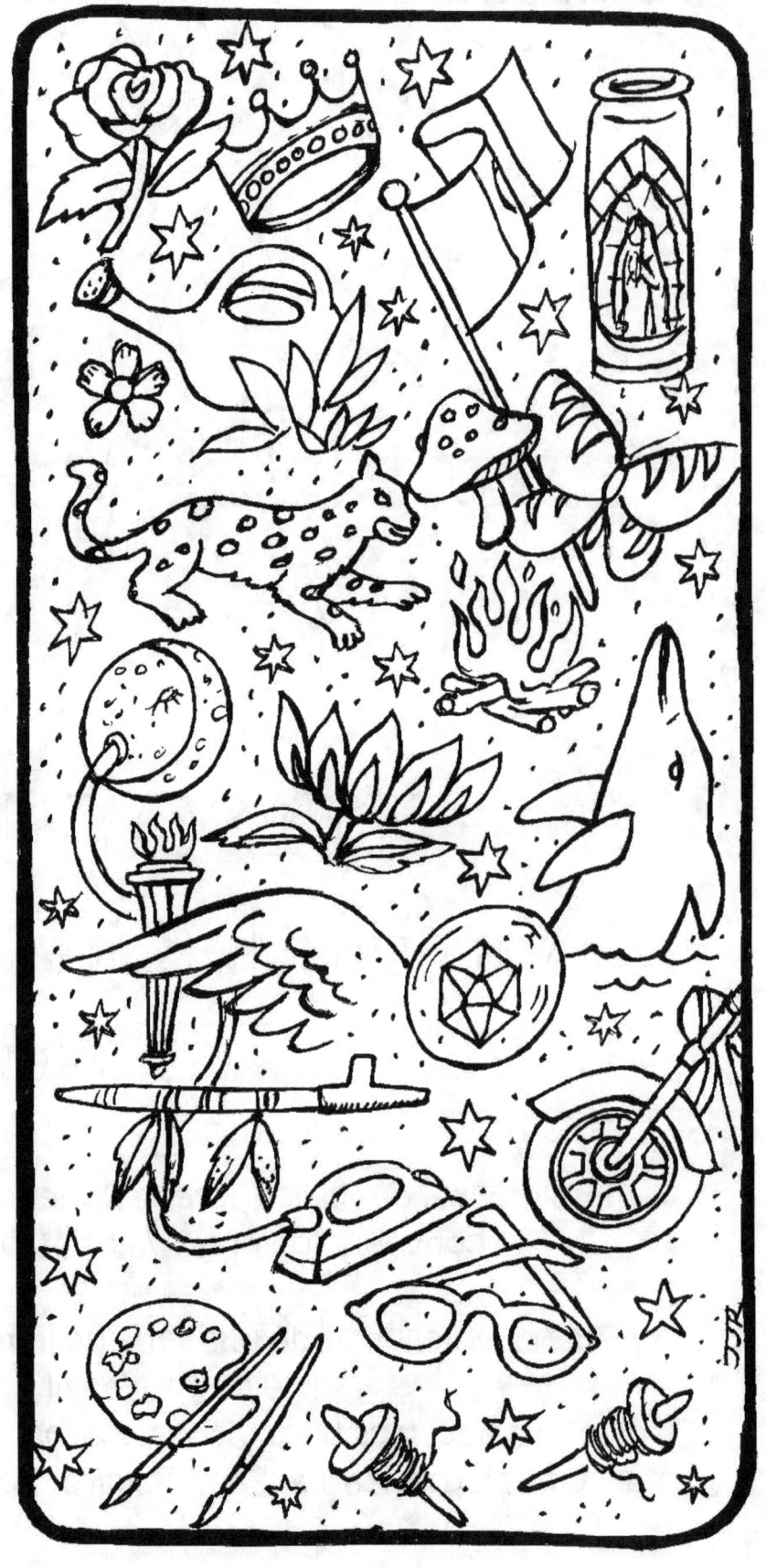

YO SOY la Guadalupe de las Rosas

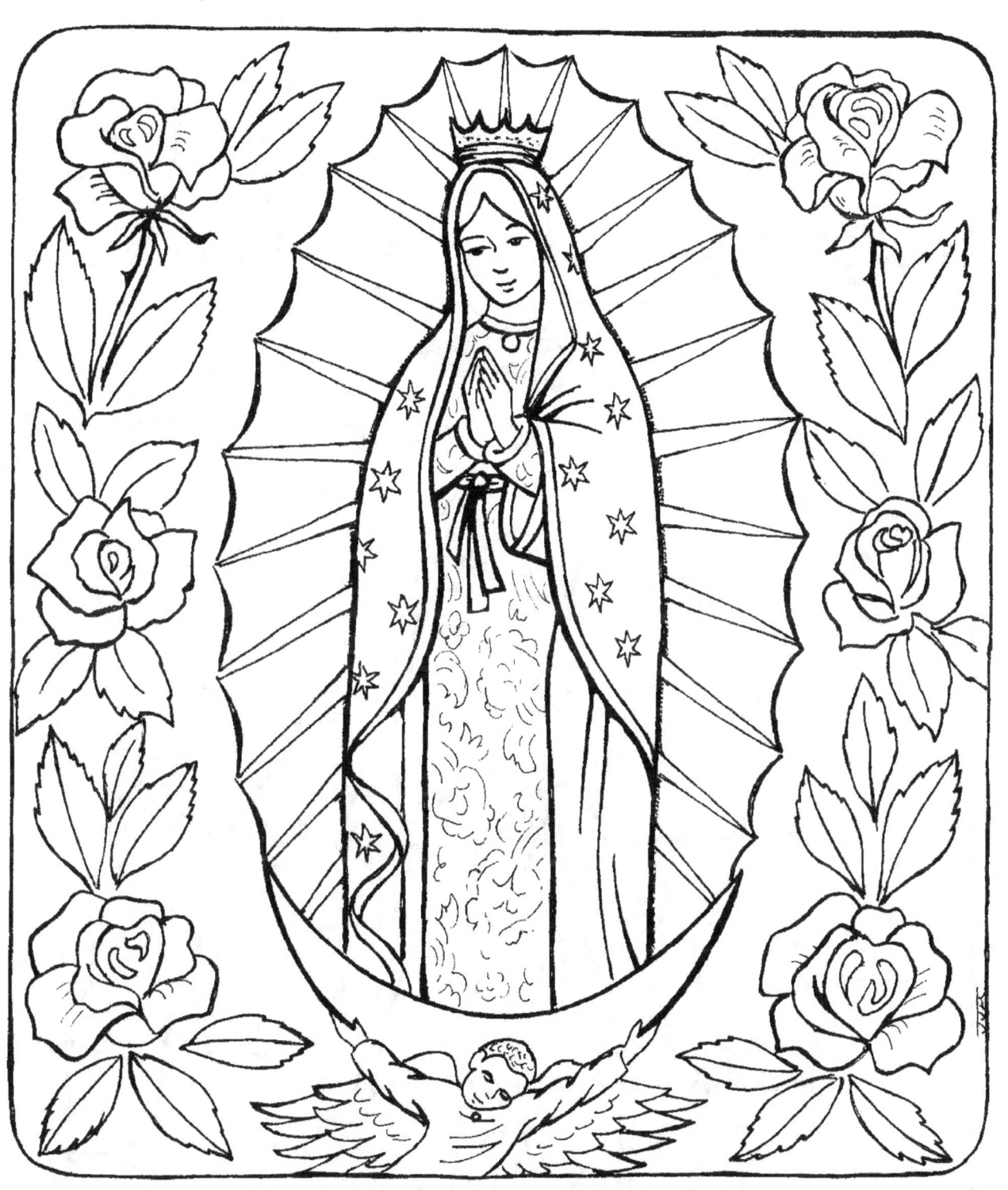

La rosa, que asciende a una posición real entre las flores,
fortalece el corazón y está asociada con
Nuestra Señora de Guadalupe.

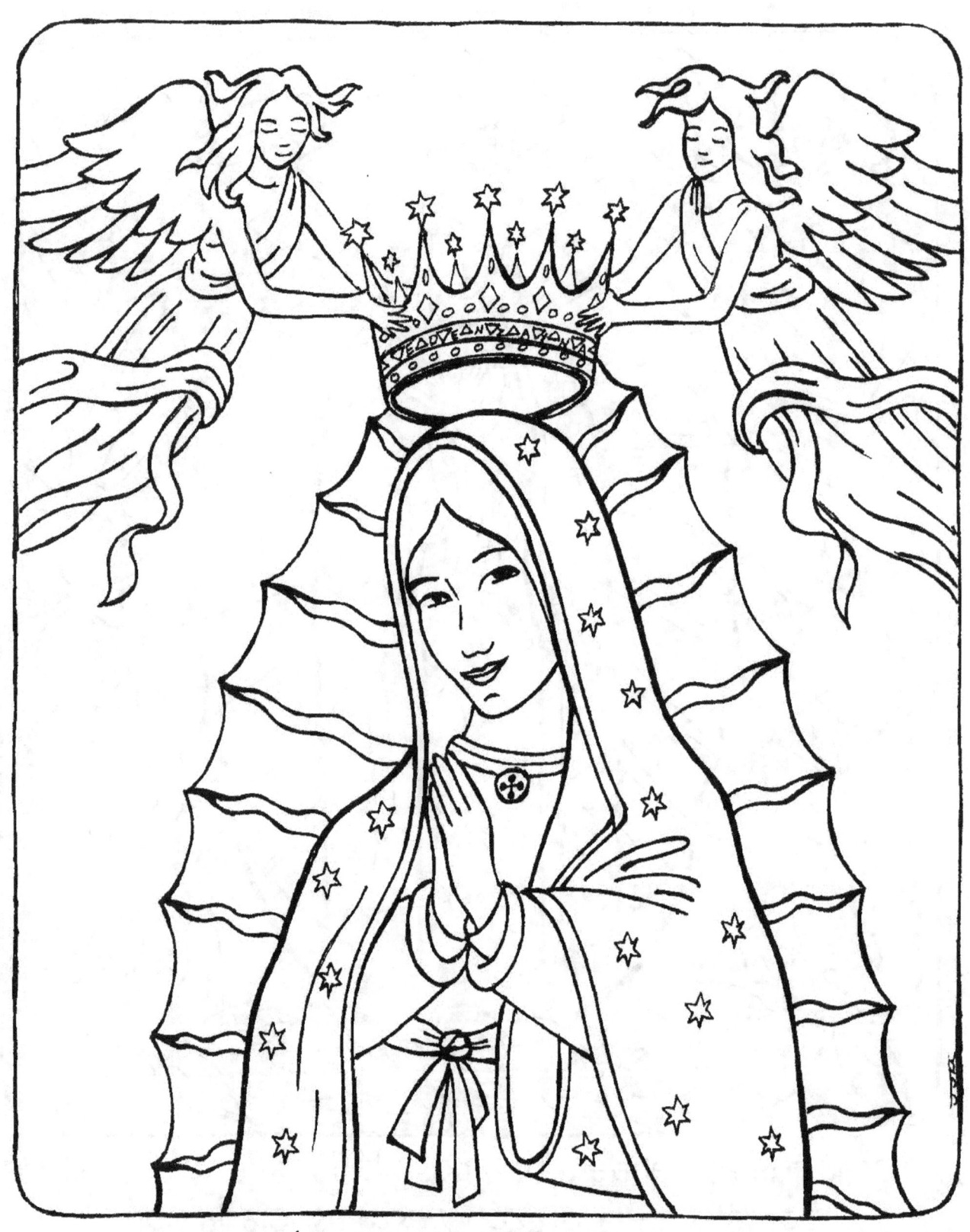

Los ángeles del cielo honran a
Nuestra Señora de Guadalupe.

YO SOY Guadalupe con la bandera mexicana

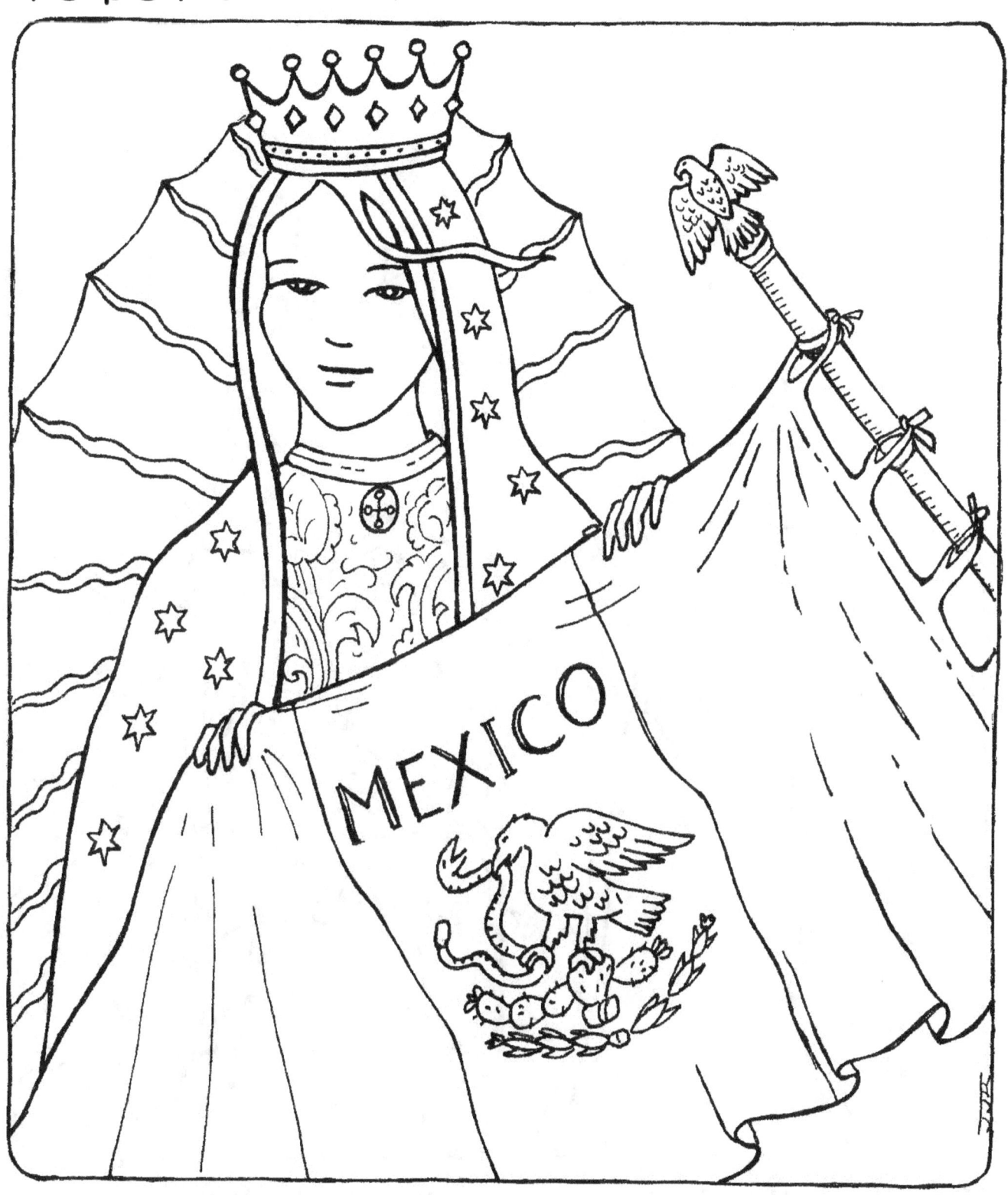

Fue el gran pueblo de México ante el cual
Nuestra Señora de Guadalupe se presentó.

YO SOY Guadalupe – YO SOY Tonantzin

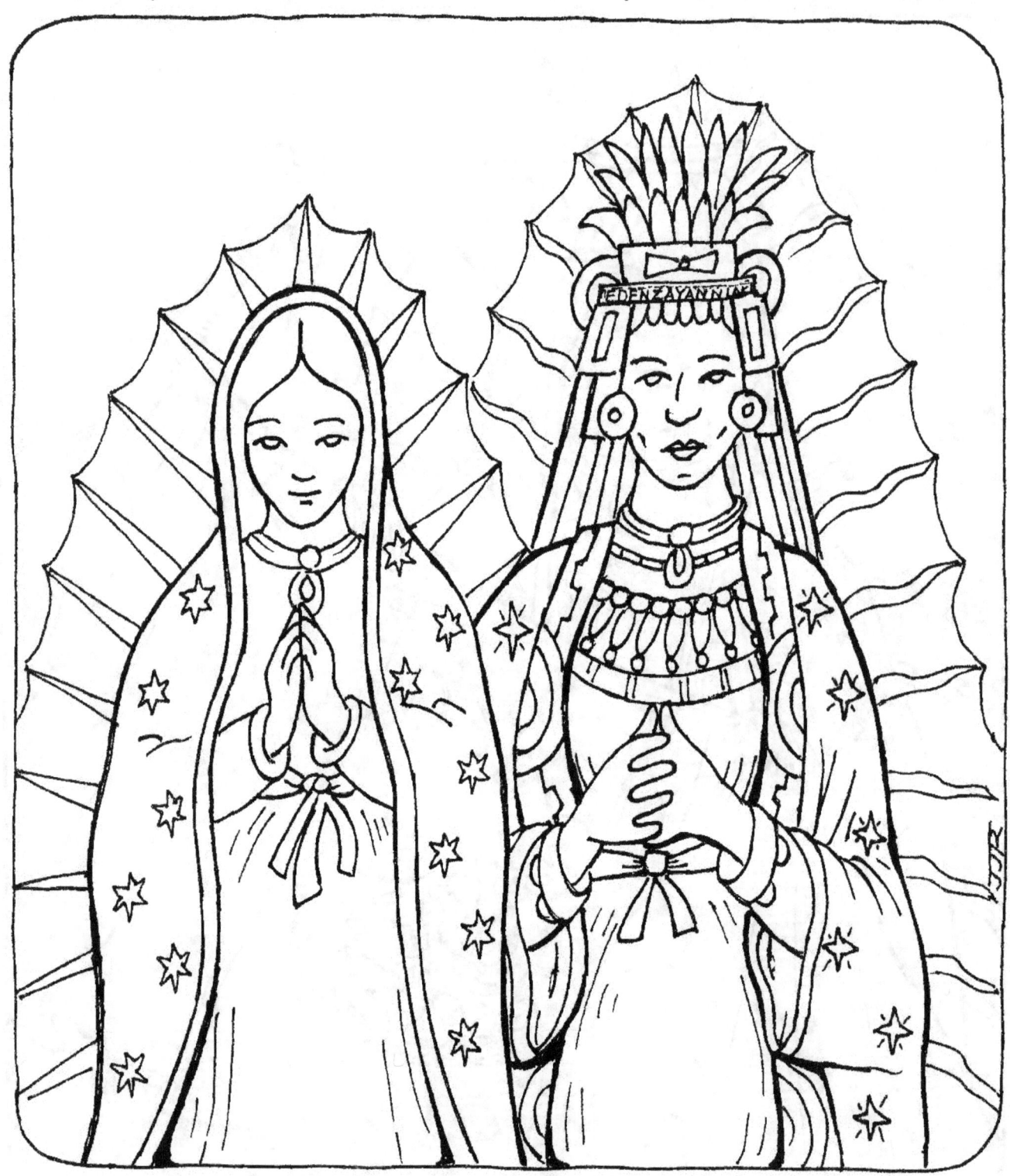

Guadalupe hizo su primera aparición en el cerro
mexicano donde la antigua diosa azteca,
Tonantzin fue venerada.

YO SOY Guadalupe y Tonantzin

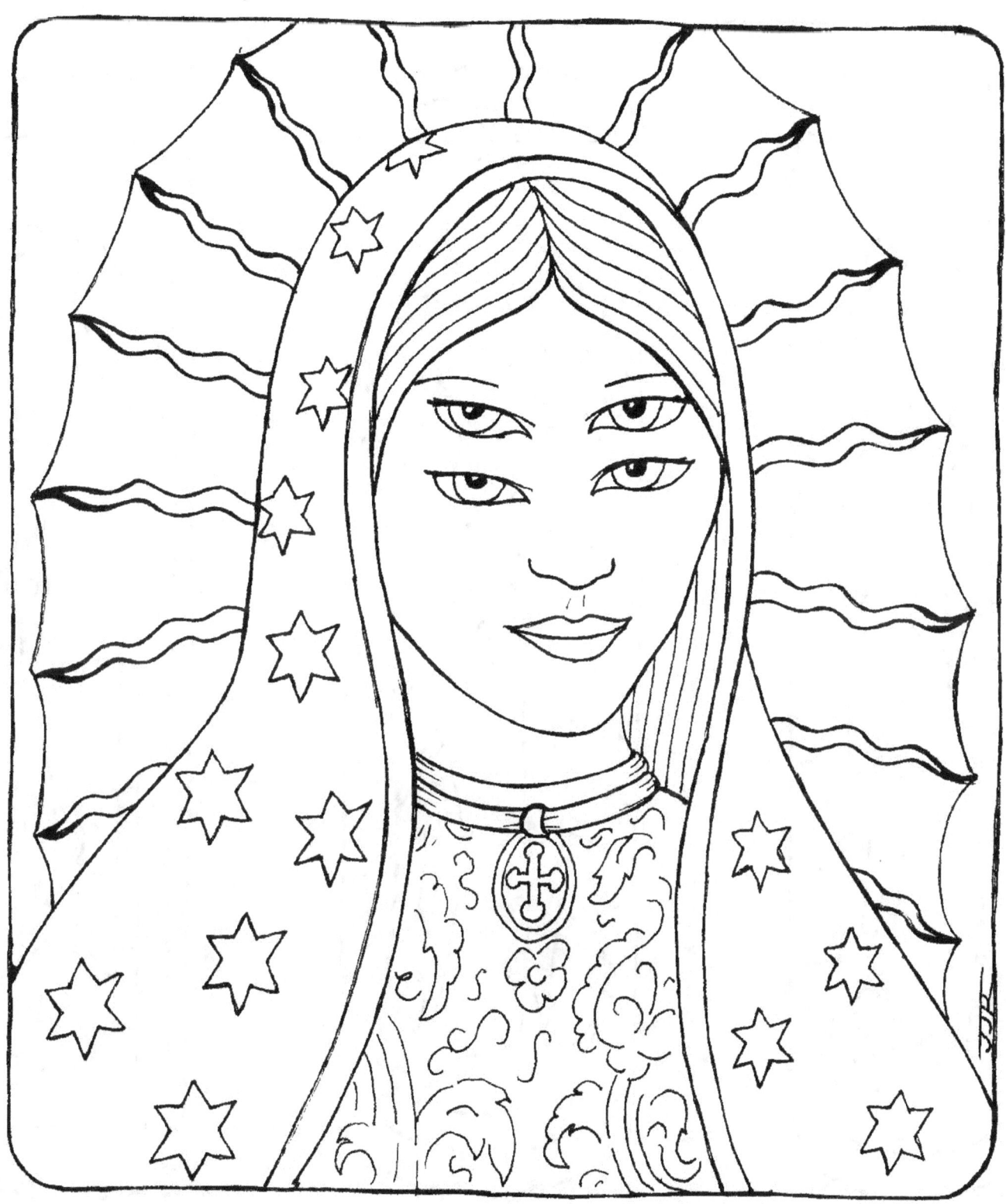

Por los ojos de Nuestra Señora de Guadalupe también se pueden ver los ojos de Tonantzin.

YO SOY la Guadalupe de las velas

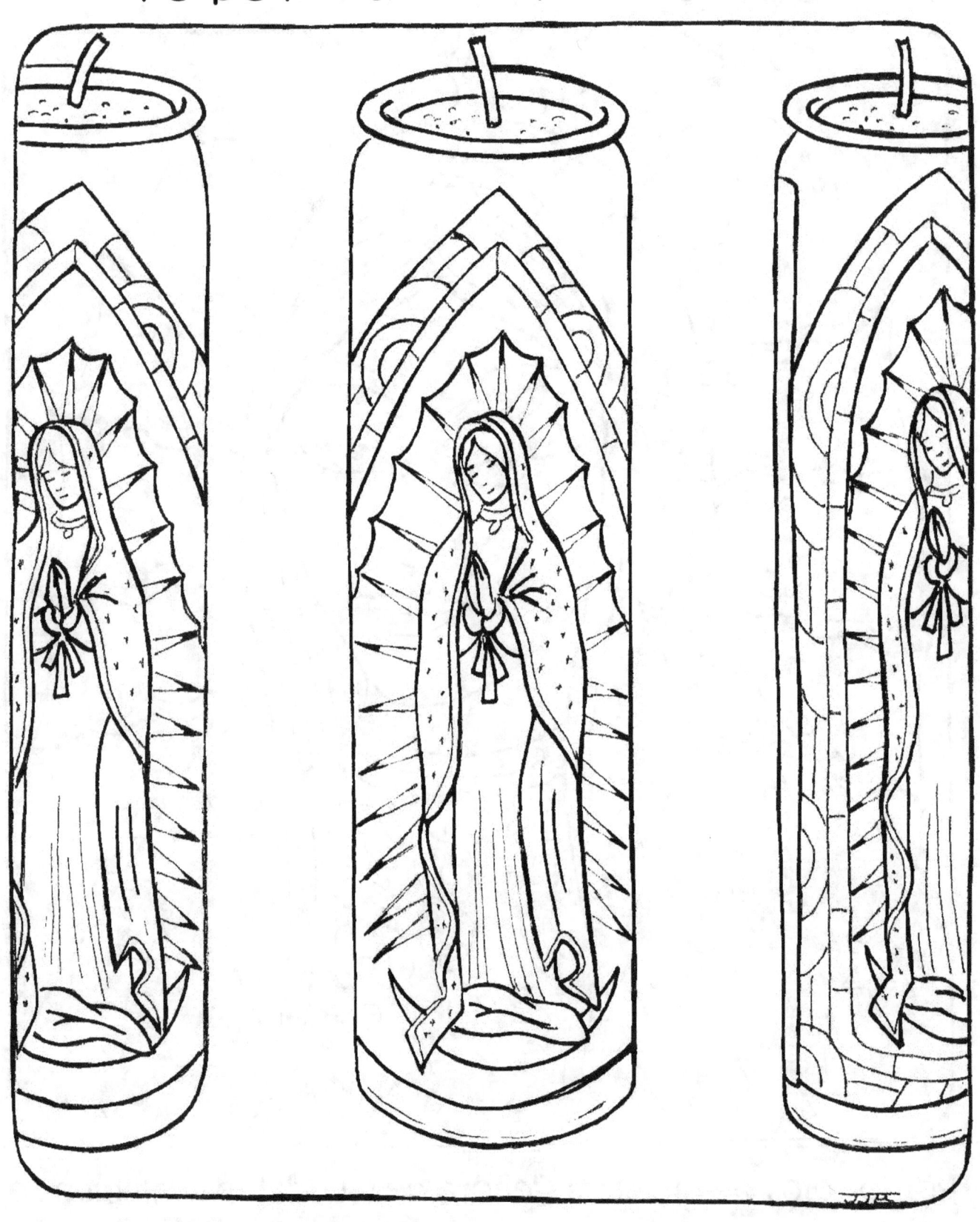

Las velas de Guadalupe traen luz al mundo.

YO SOY la Guadalupe de la vela

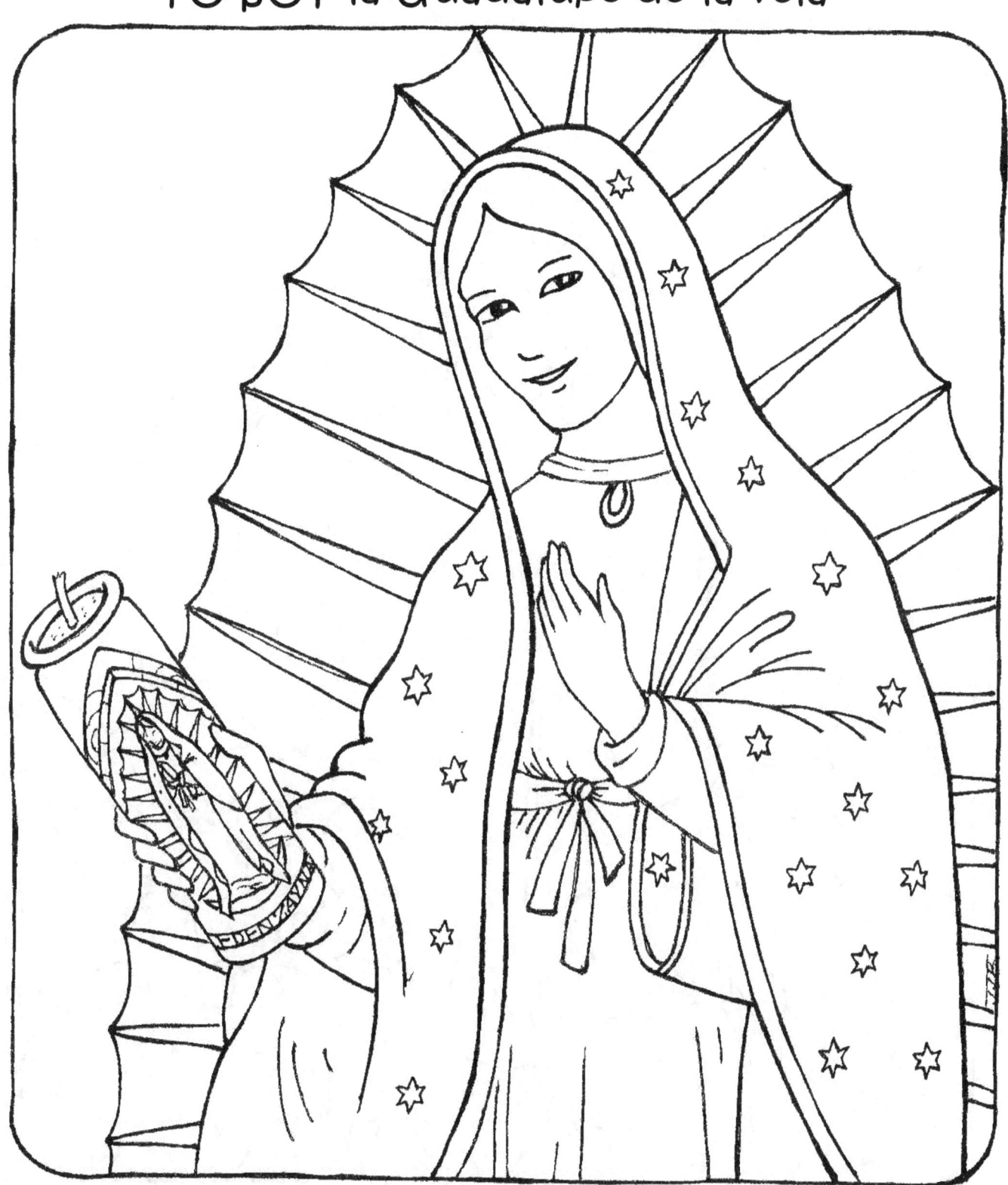

Nuestra Señora de Guadalupe sostiene su vela y se muestra complacida.

YO SOY Guadalupe en el jardín

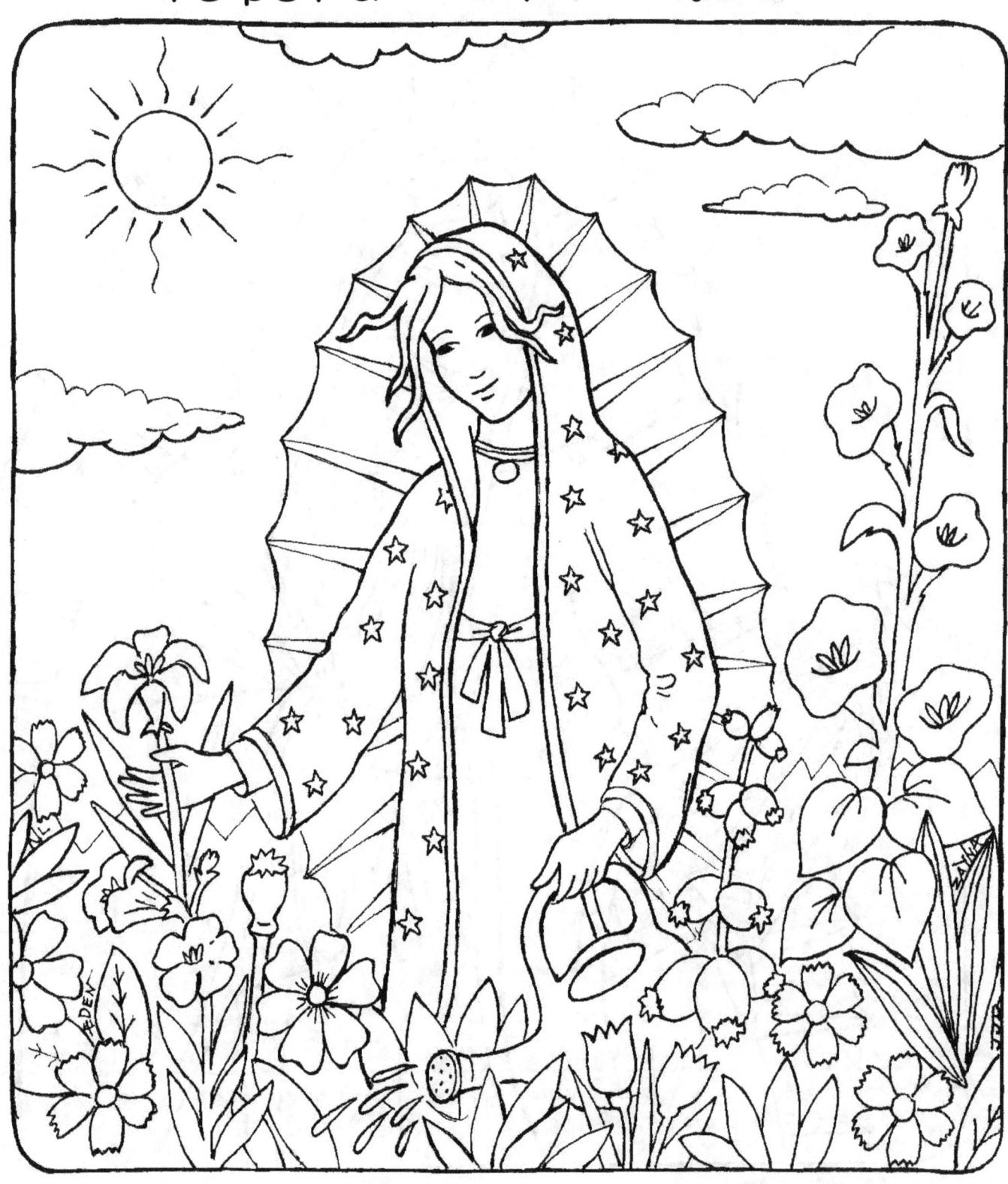

Las flores que se abren en un jardín significan el
florecimiento de la dicha y la esperanza.

YO SOY la Guadalupe del círculo de hadas

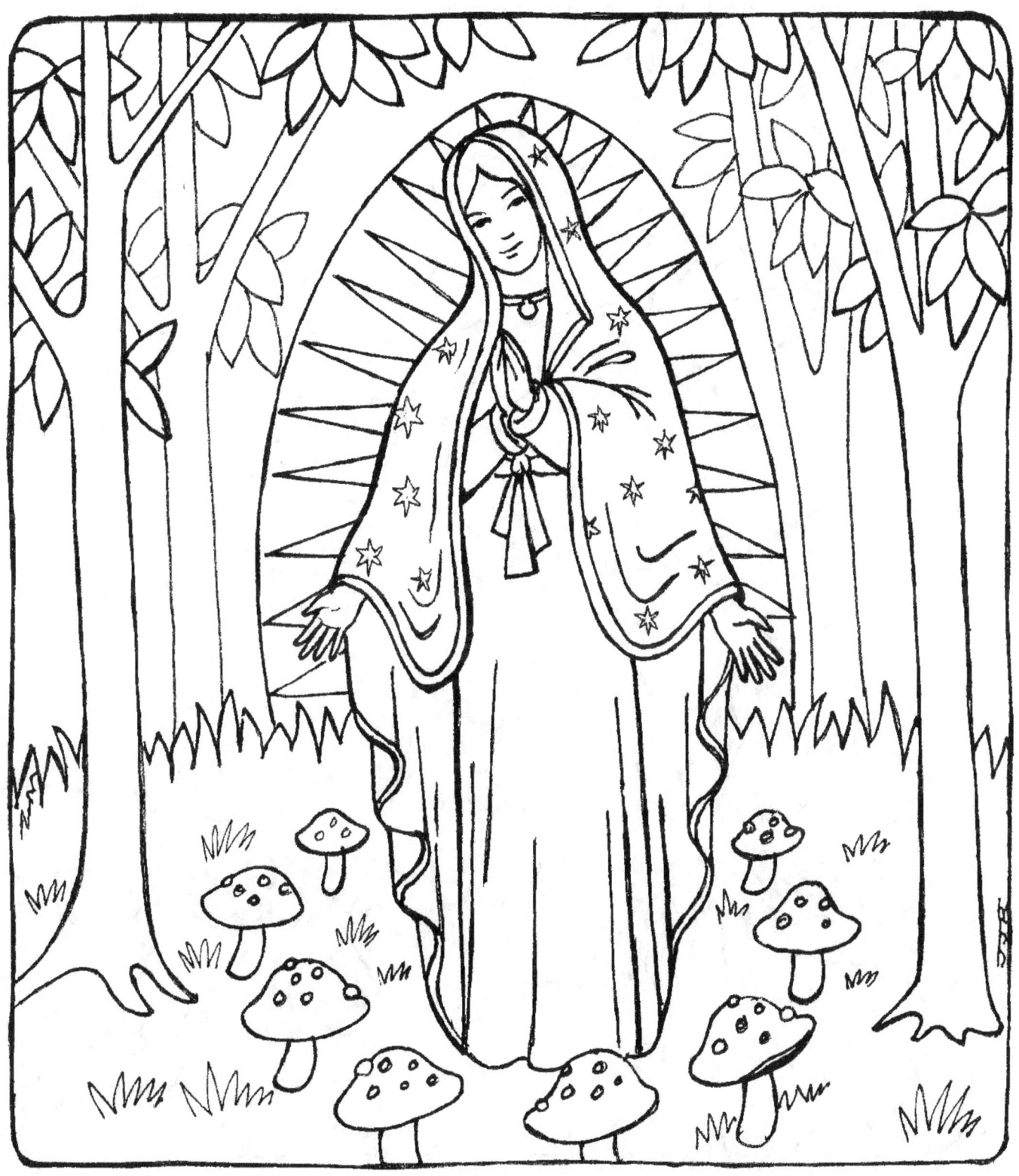

El círculo de hadas es una puerta hacia otro mundo.
Especialmente allí, Nuestra Señora es venerada.

YO SOY la Guadalupe de las mariposas

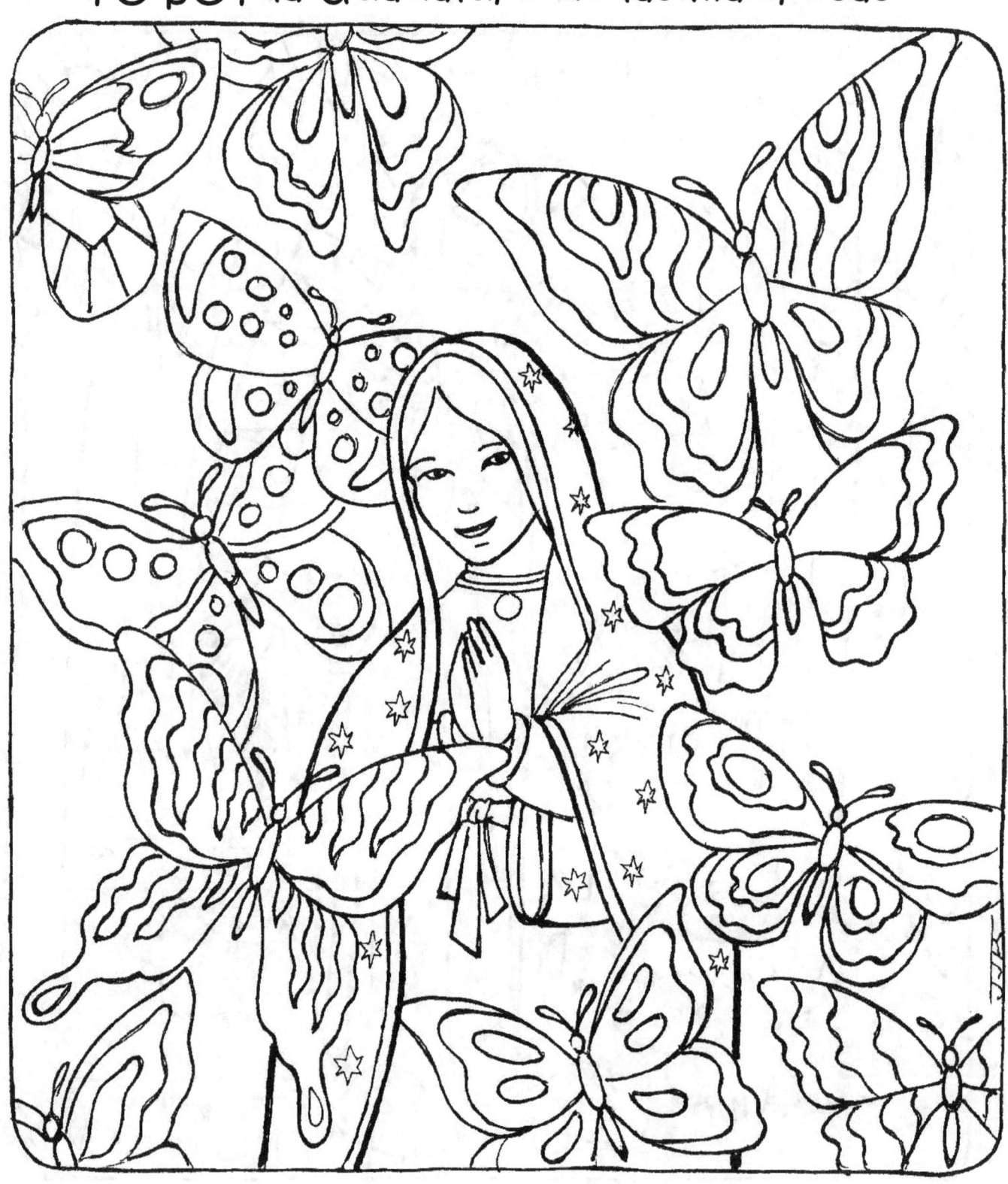

Las mariposas se sienten atraídas al resplandor de
Nuestra Señora.

YO SOY la Guadalupe Mariposa

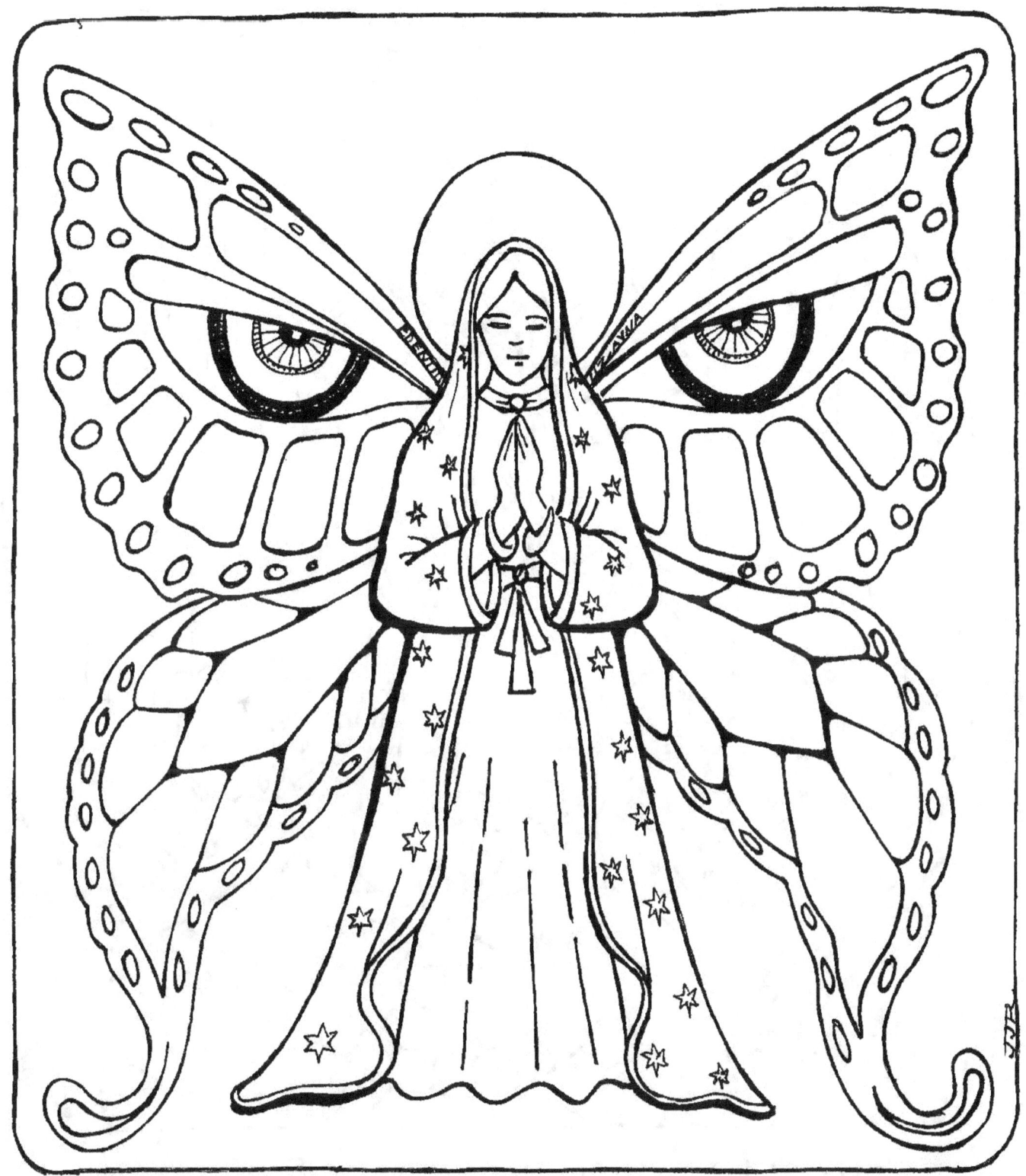

La Virgen de Guadalupe se alza como una mariposa,
simbolizando belleza y metamorfosis.

YO SOY la Guadalupe de la Luna del Jaguar

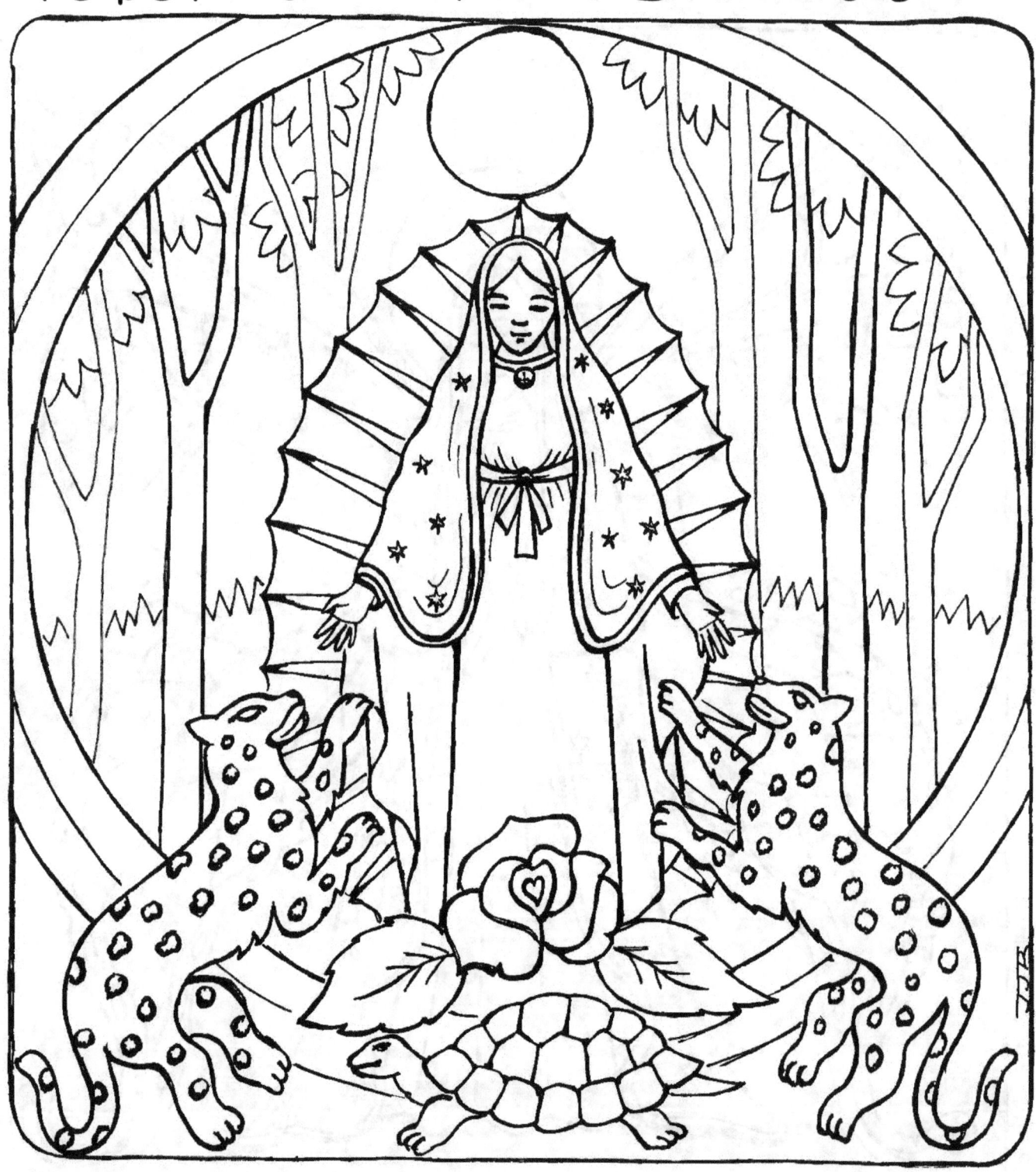

Hasta en las más remotas selvas de Perú, donde merodean los jaguares, se encuentra Nuestra Señora de Guadalupe.

YO SOY Guadalupe frente a la fogata

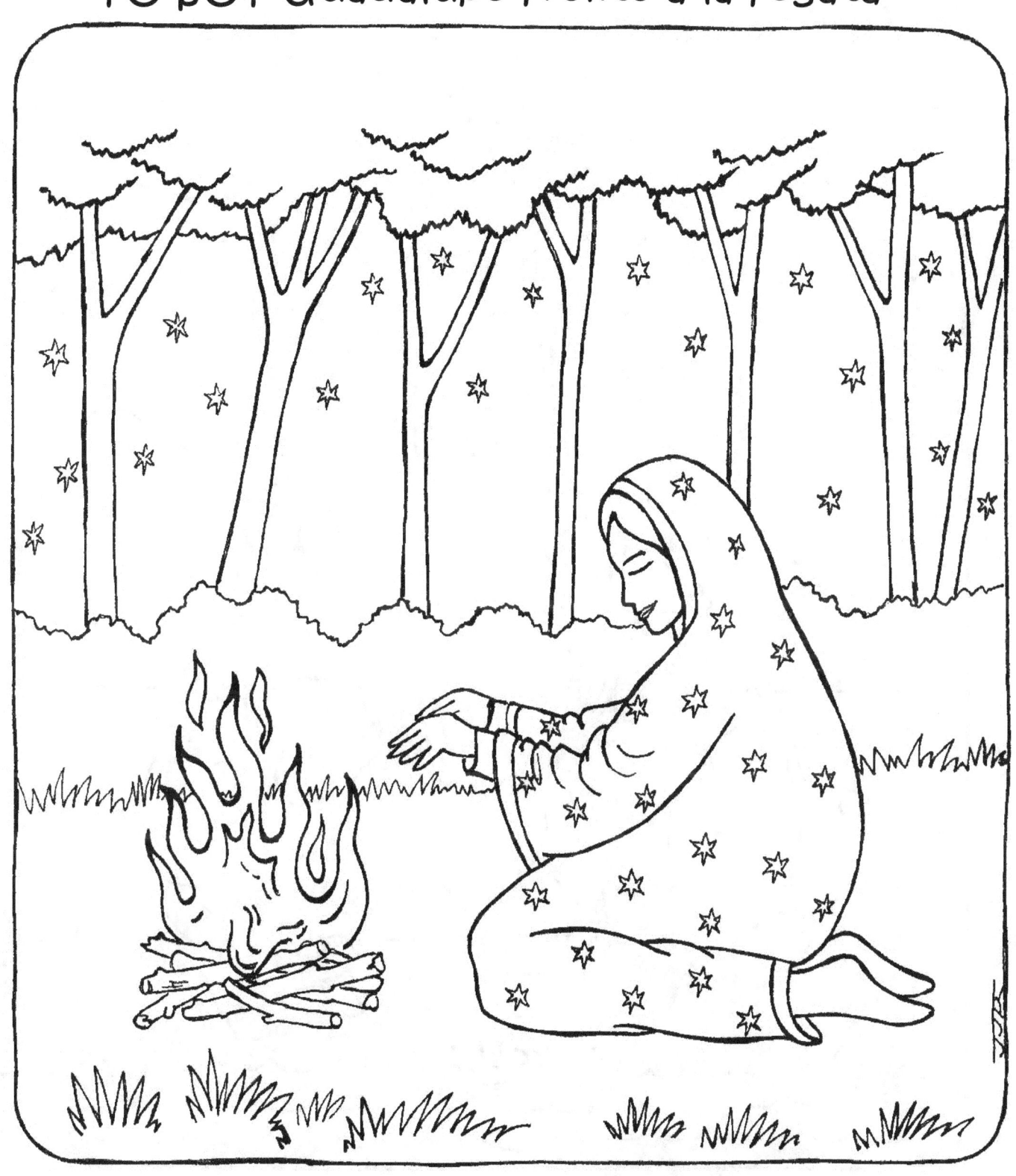

Al fuego se le reconoce como elemento vivo que
consume, calienta, e ilumina.

YO SOY Guadalupe frente al bebedero

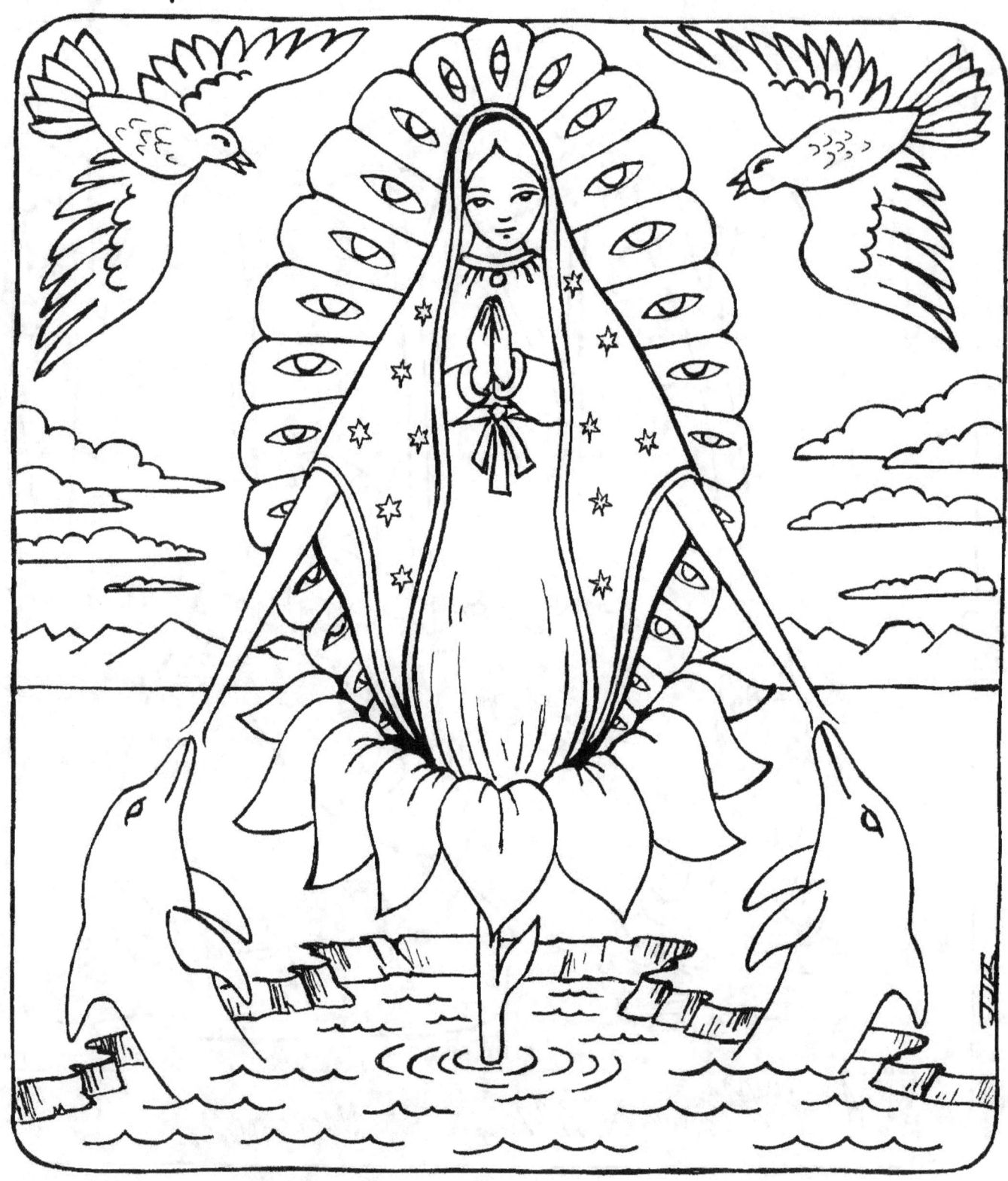

Mientras el bebedero nutre el desierto, Guadalupe nutre nuestros corazones con su amor incondicional.

YO SOY Guadalupe creciendo

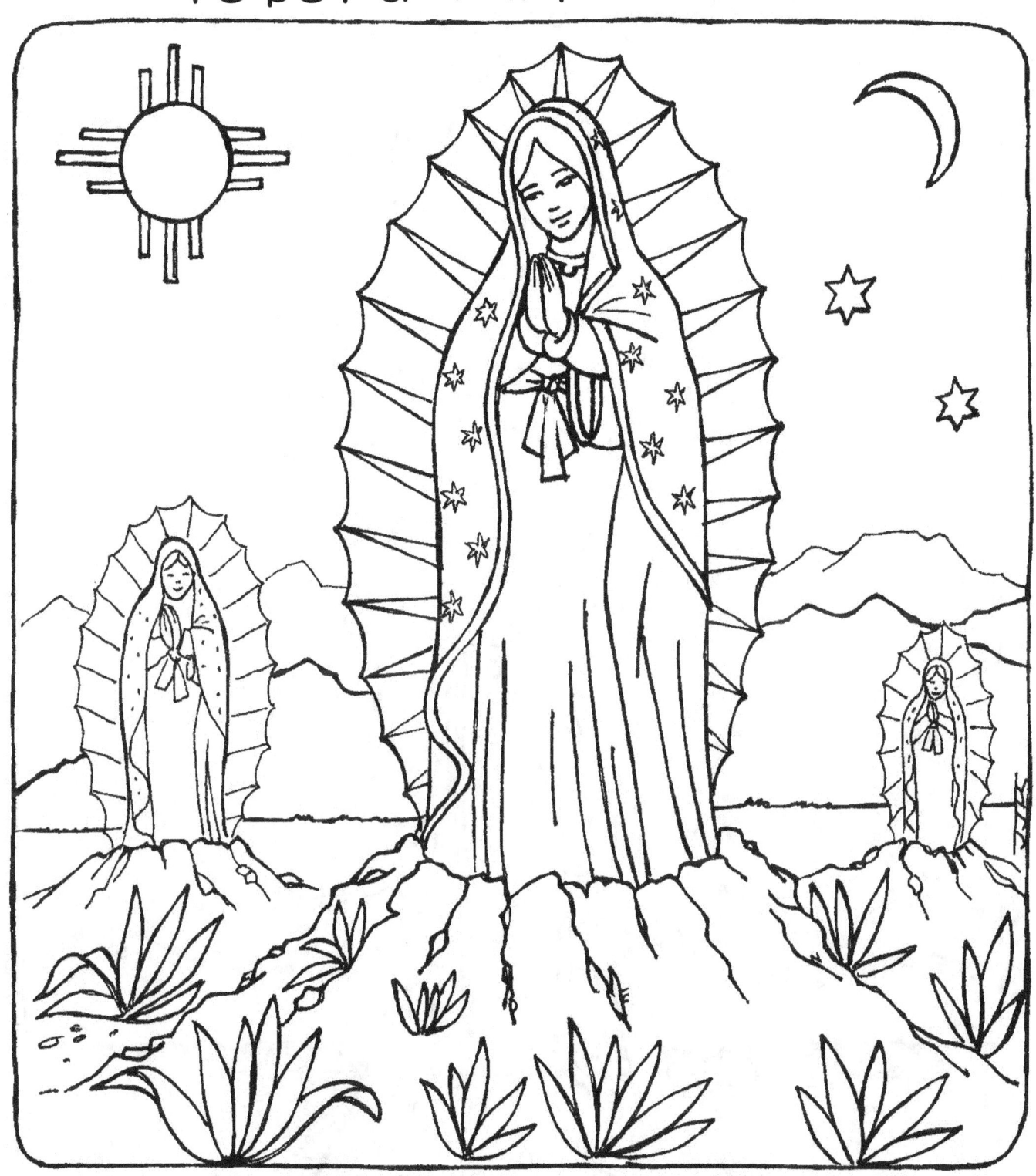

La gente de este pequeño pueblo veneraba tanto a Nuestra Señora que su espíritu comenzó a crecer por todas partes.

YO SOY Guadalupe alcanzando

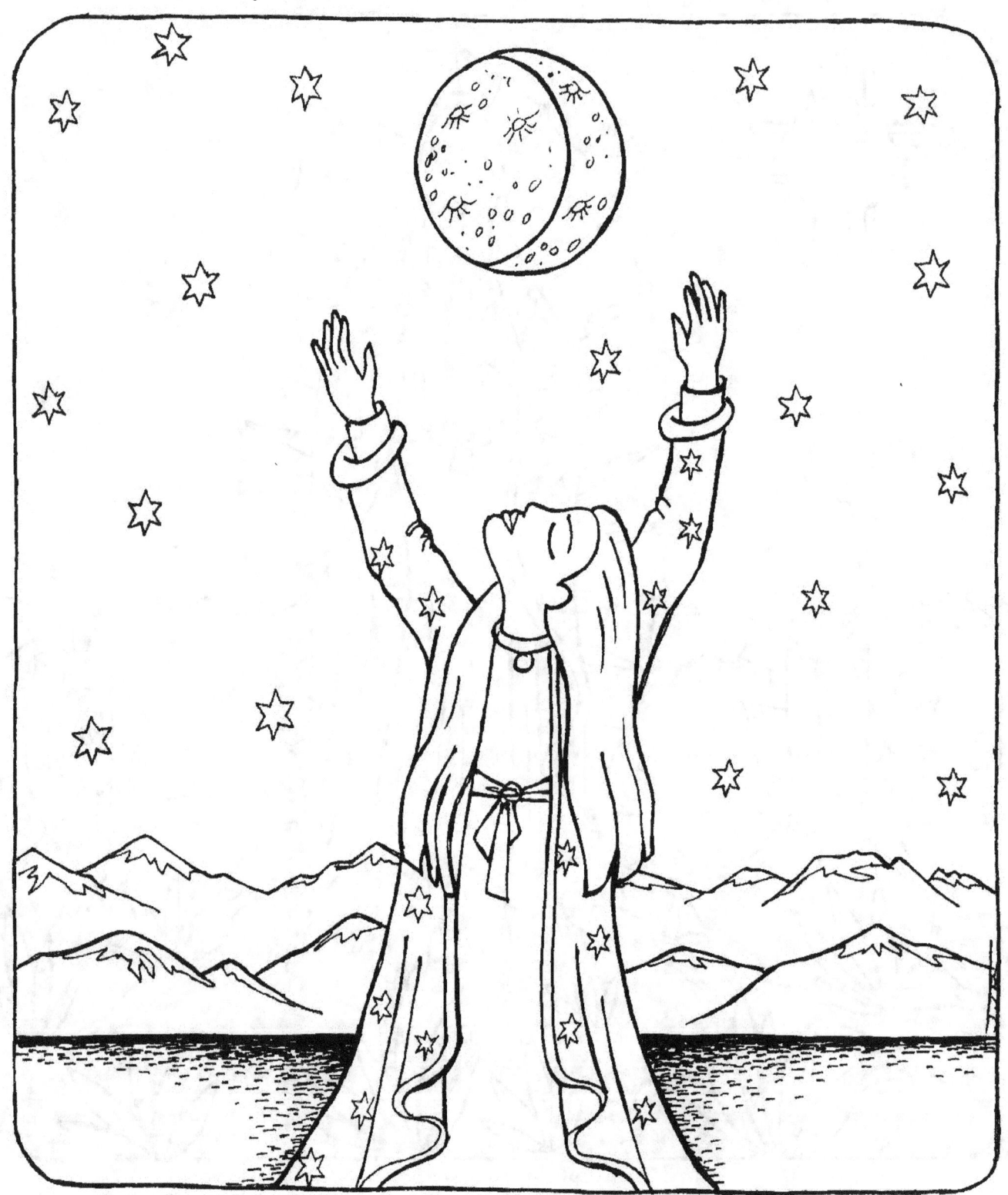

Guadalupe nos enseña que si buscamos alcanzar,
podemos lograr nuestros mejores sueños... ¡y más!

YO SOY la Guadalupe Guru

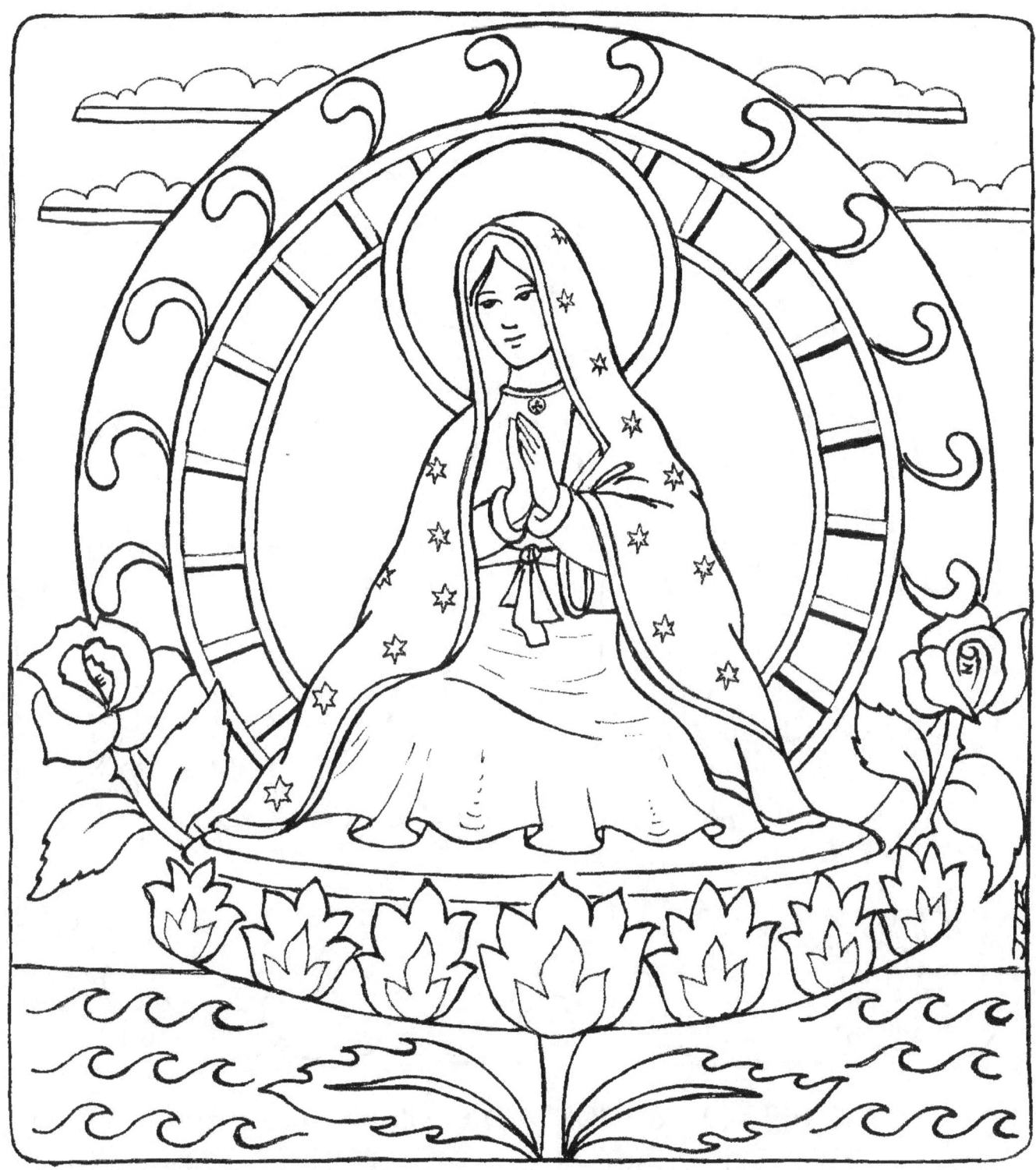

Nuestra Señora de Guadalupe se sienta sobre un loto, un lugar de honor, tal y como los grandes maestros de las tradiciones budistas.

YO SOY la Guadalupe de la Gran Maravilla

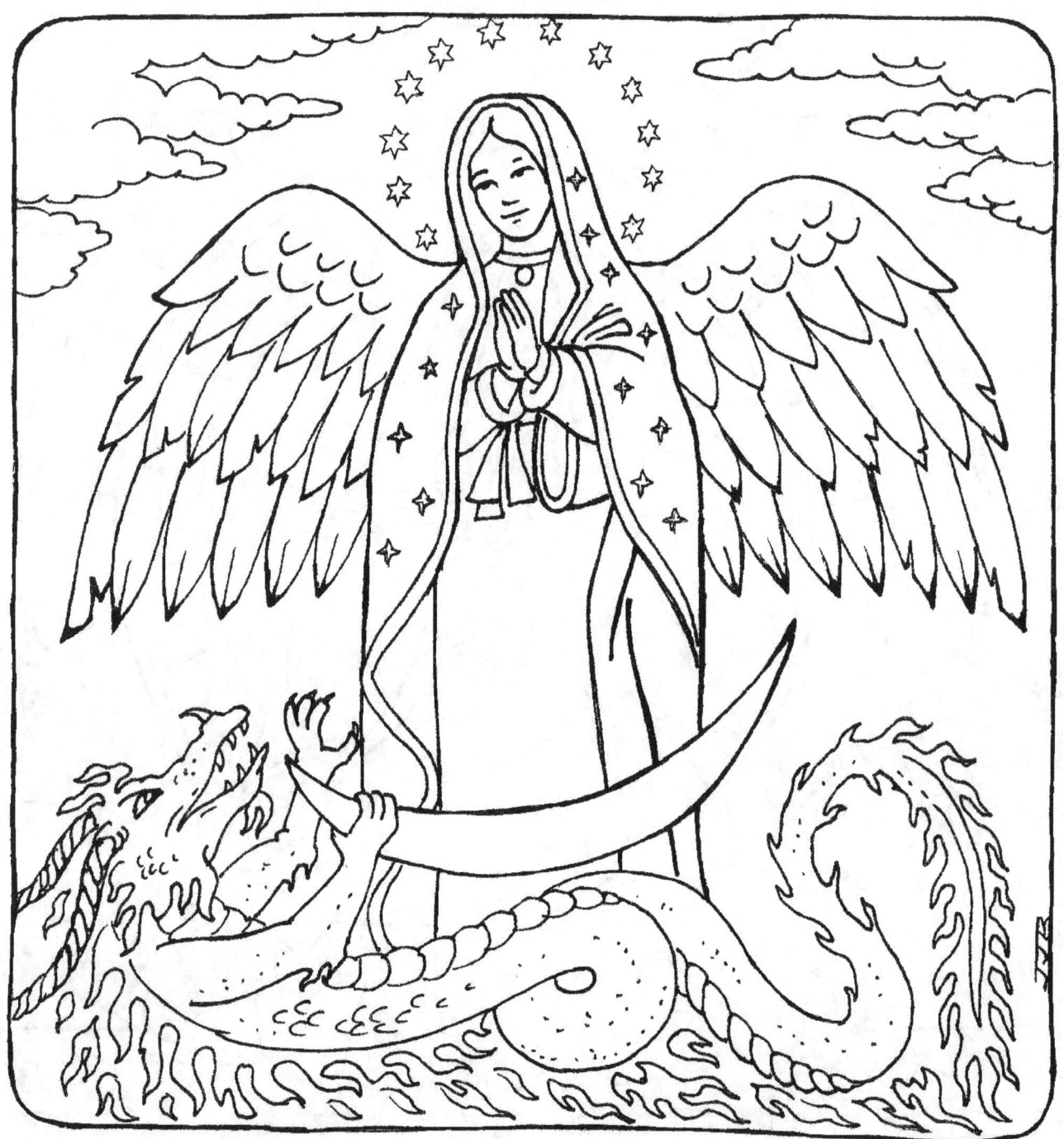

Y apareció algo maravilloso en el cielo, una mujer vestida con el sol y la luna bajo los pies, y sobre su cabeza una corona con doce estrellas. –Rev 12.1

Y a la mujer se le otorgaron alas, como de una gran águila. –Rev 12.14

YO SOY Guadalupe Balanceada

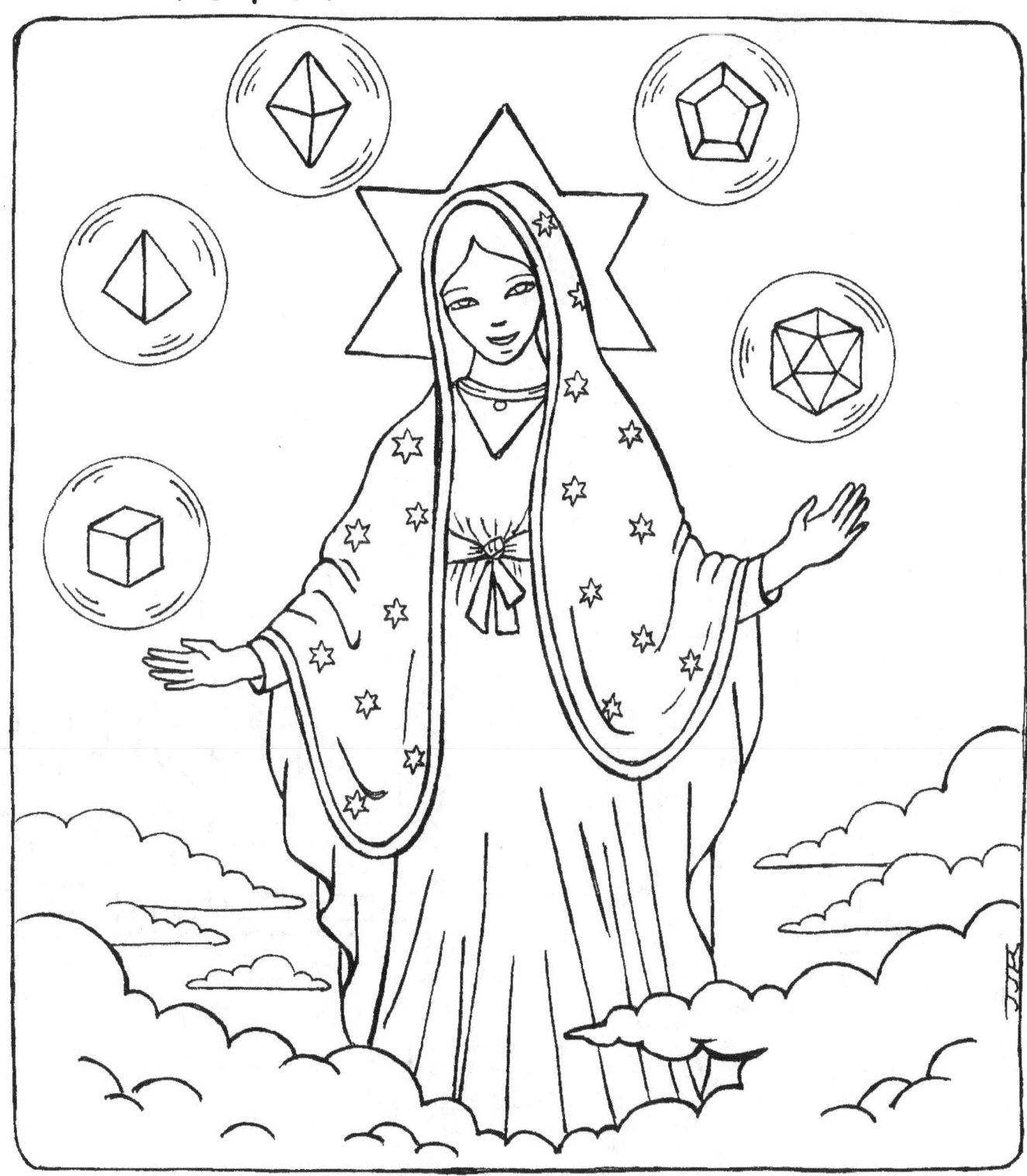

Nuestra Señora de Guadalupe está en total control de los componentes fundamentales del Universo físico, los sólidos platónicos.

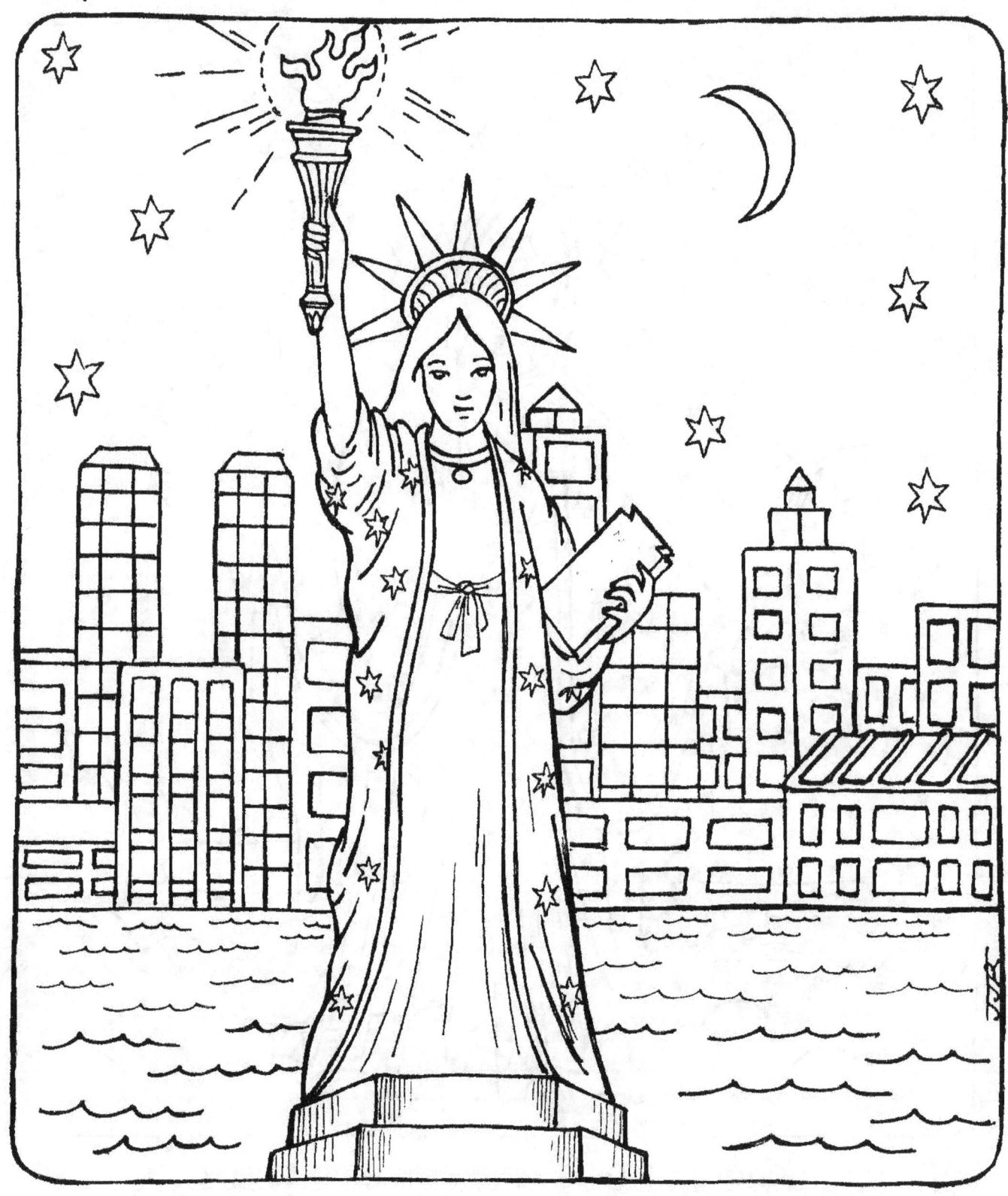

Nuestra Señora de Guadalupe se alza como
símbolo de libertad.

YO SOY Guadalupe con la motocicleta

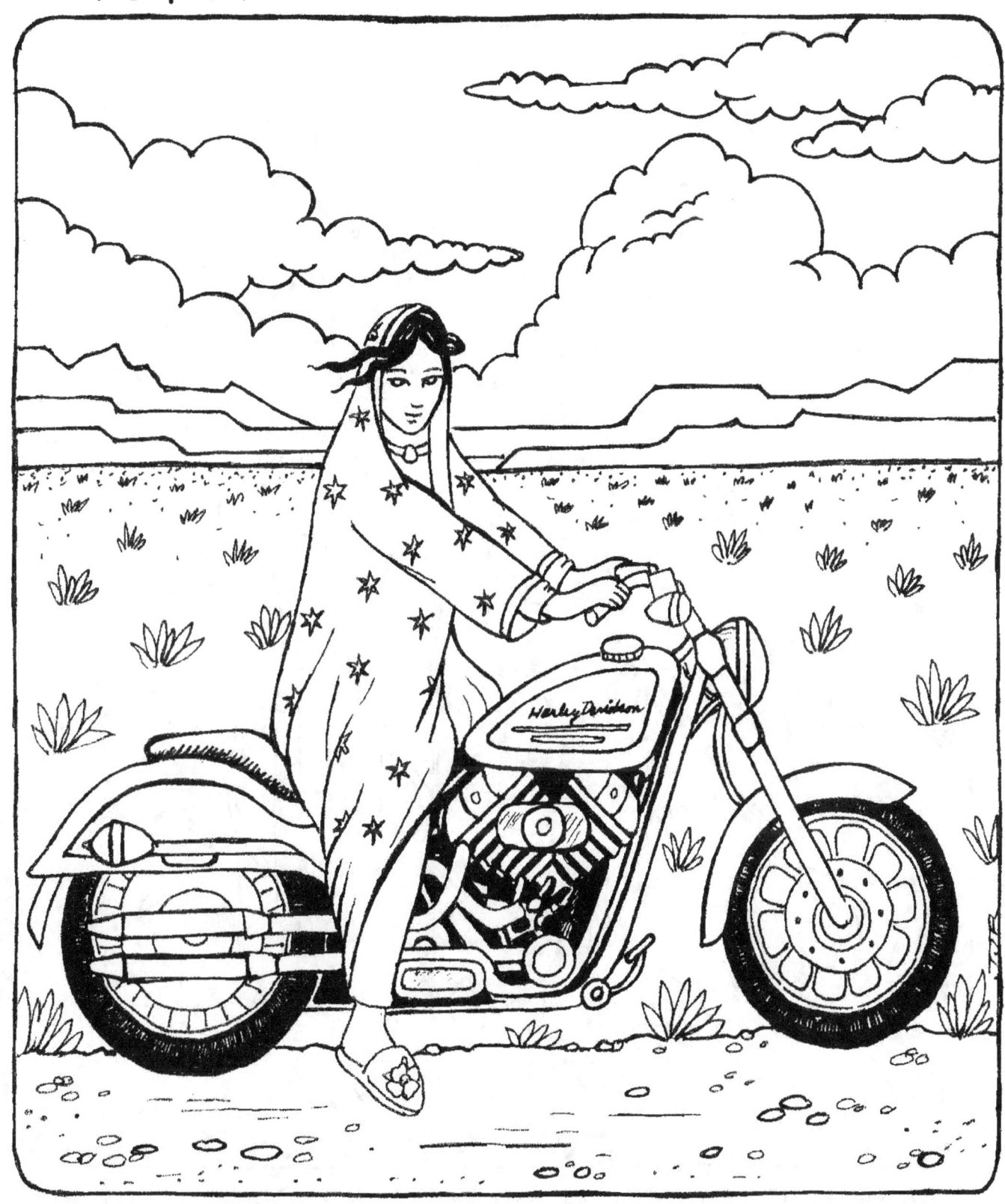

Nuestra Señora va en motocicleta. No es que lo hace,
pero si lo hiciera, ya se sabe que sería en una Harley.

YO SOY Guadalupe con una de mis amistades

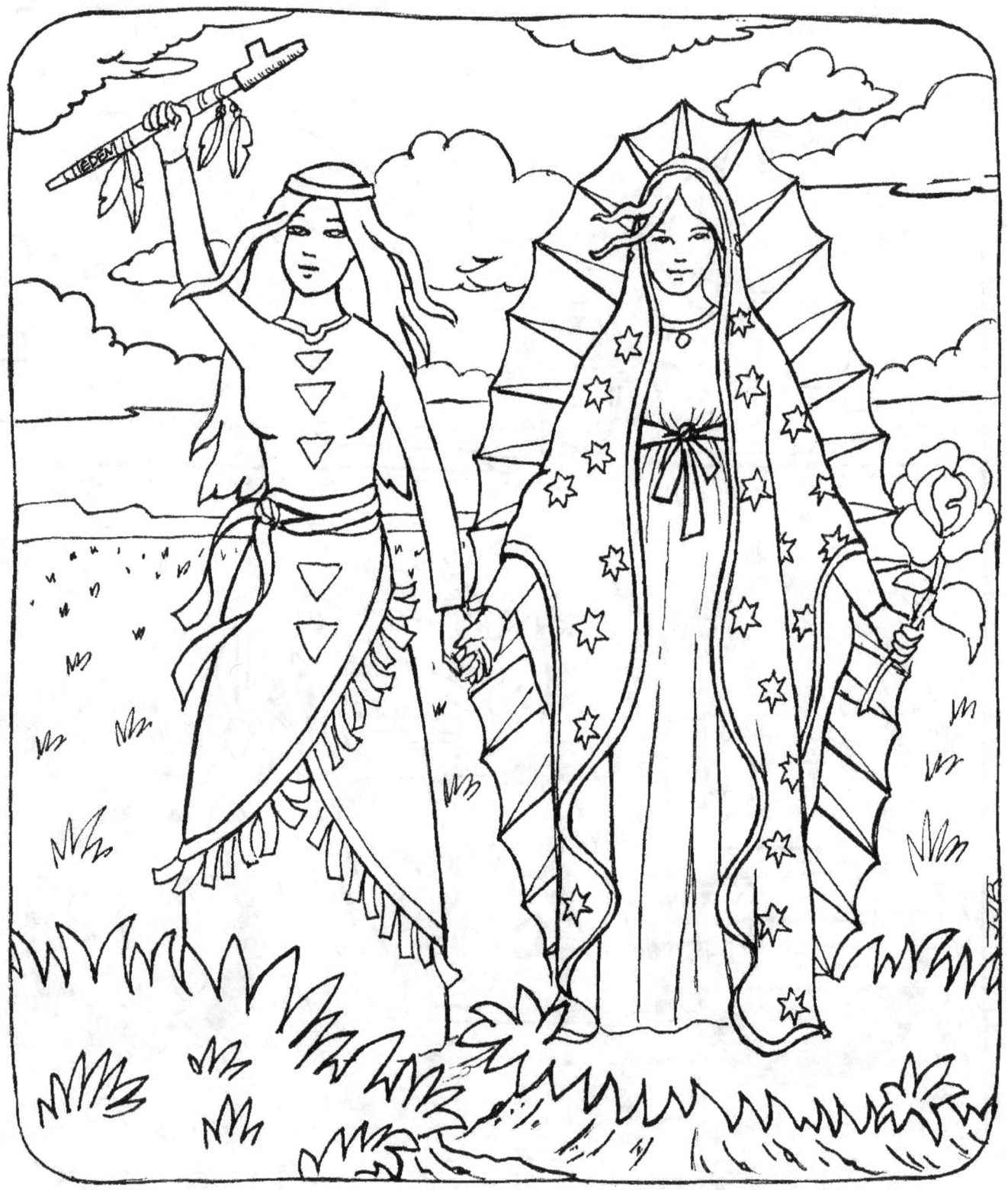

Nuestra Señora con la Mujer "Búfalo Blanco," quien trajo la pipa sagrada a los americanos nativos.

YO SOY Guadalupe planchando

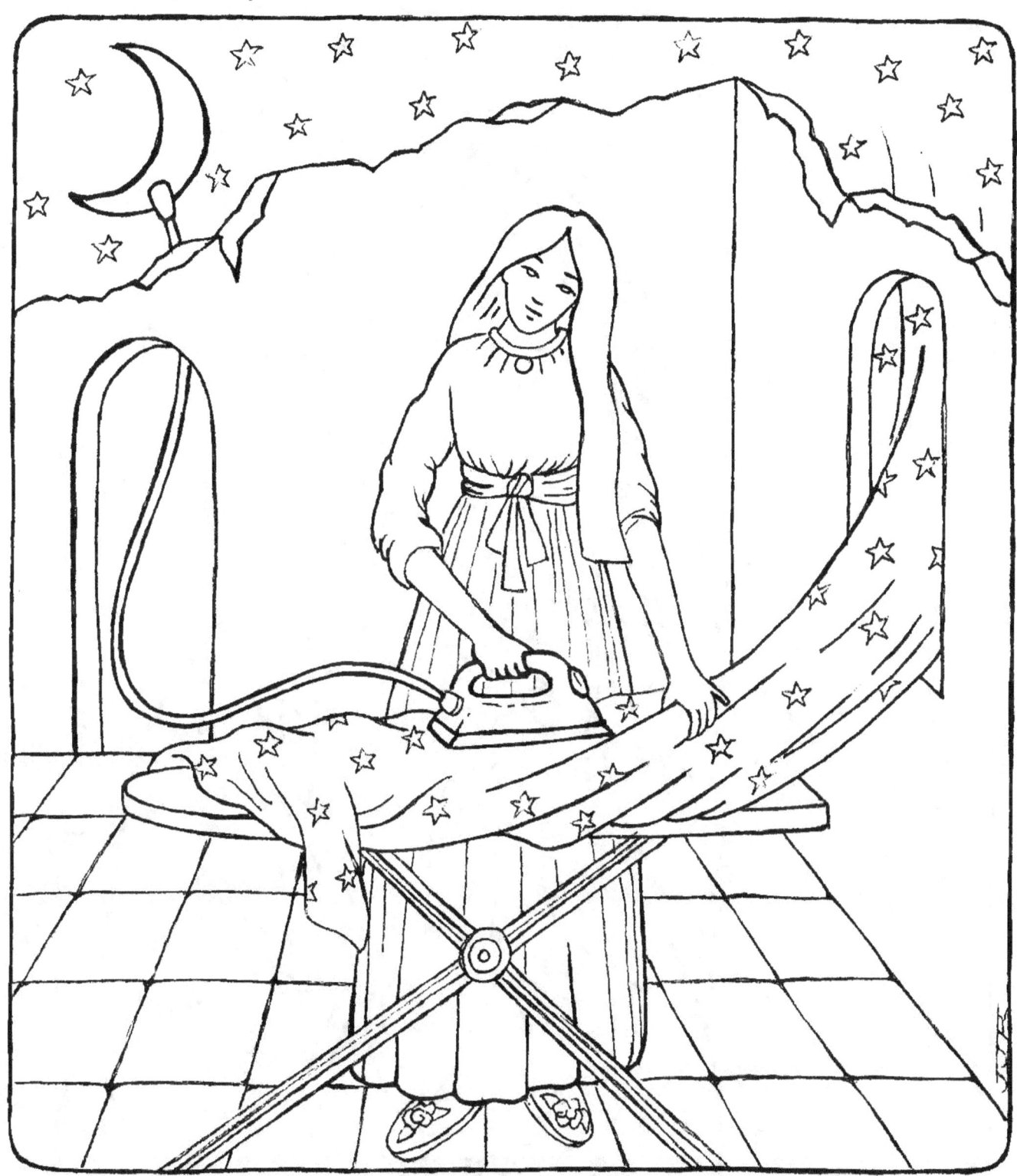

Nuestra Señora de Guadalupe está planchando su capa azul cielo a la luz de la luna. Mañana ha de encontrarse con Juan Diego.

YO SOY Lupita, la joven Guadalupe

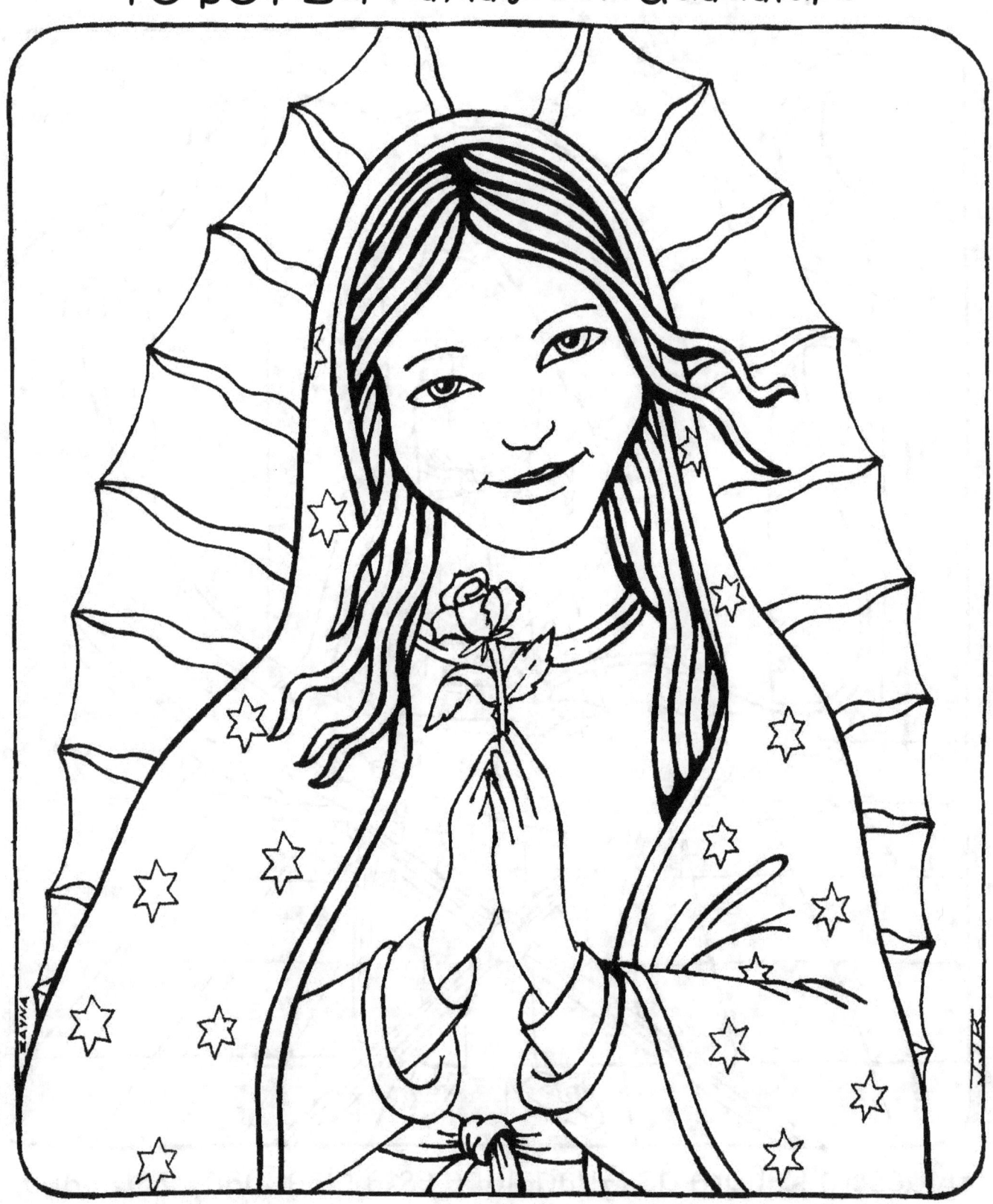

Desde muy joven, mucho más joven que como aparece aquí, amaba a todas las flores, especialmente las rosas.

YO SOY la Guadalupe de los Lentes

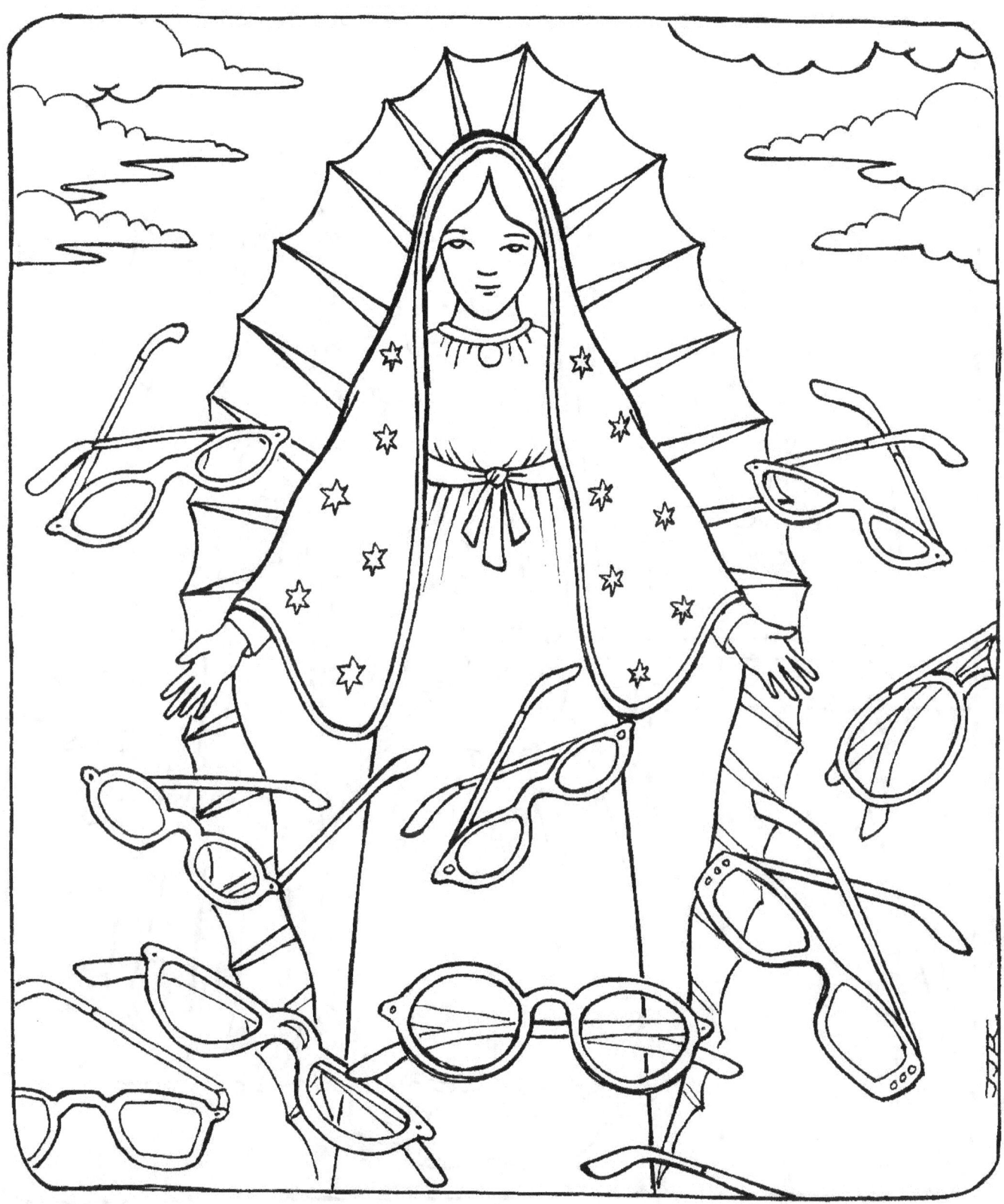

Meditando sobre Nuestra Señora, todos comenzamos a ver con más claridad.

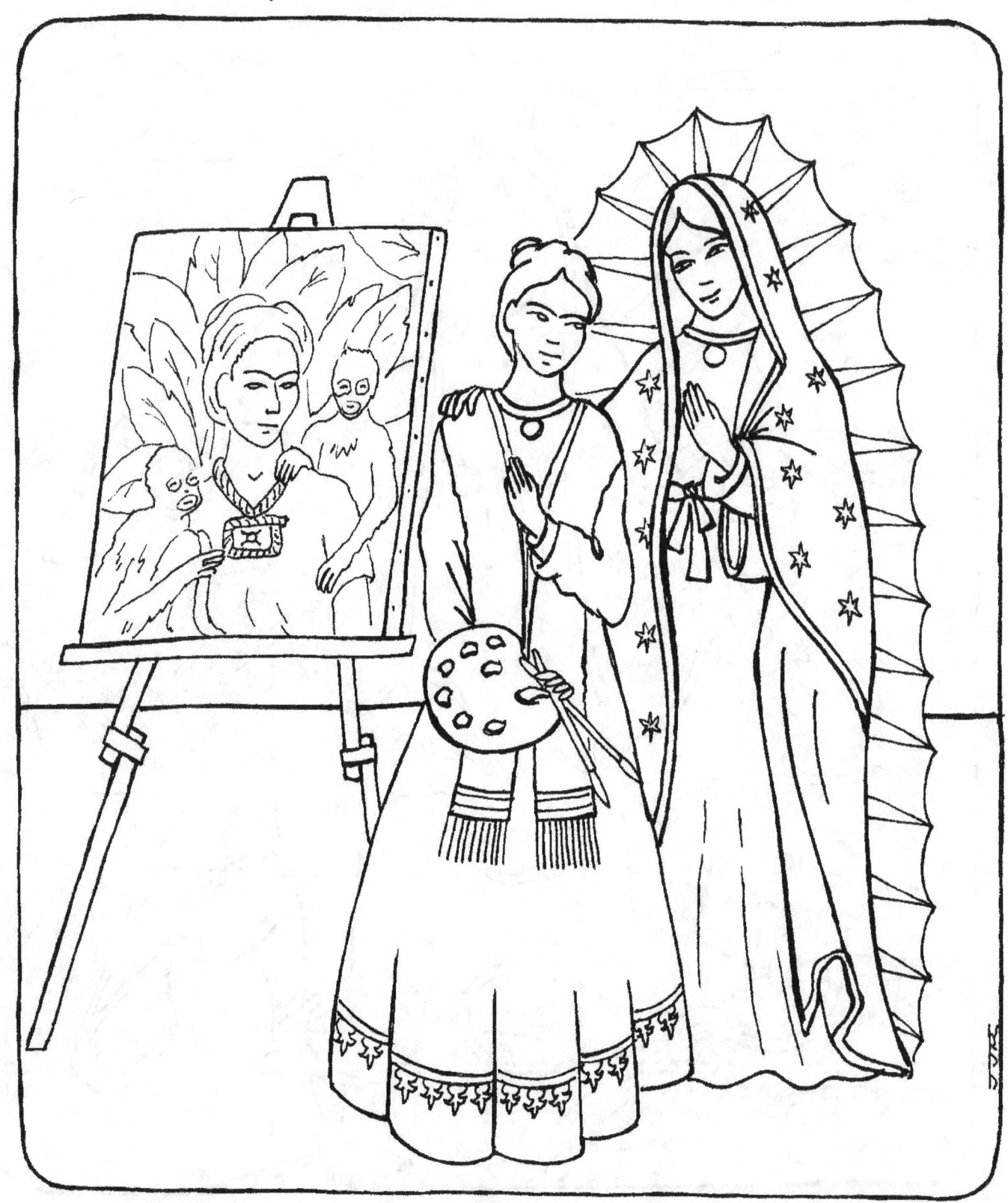

Nuestra Señora de Guadalupe muestra gran afecto por
Frida Kahlo, una de las mejores artistas de México.

YO SOY Guadalupe Tejiendo

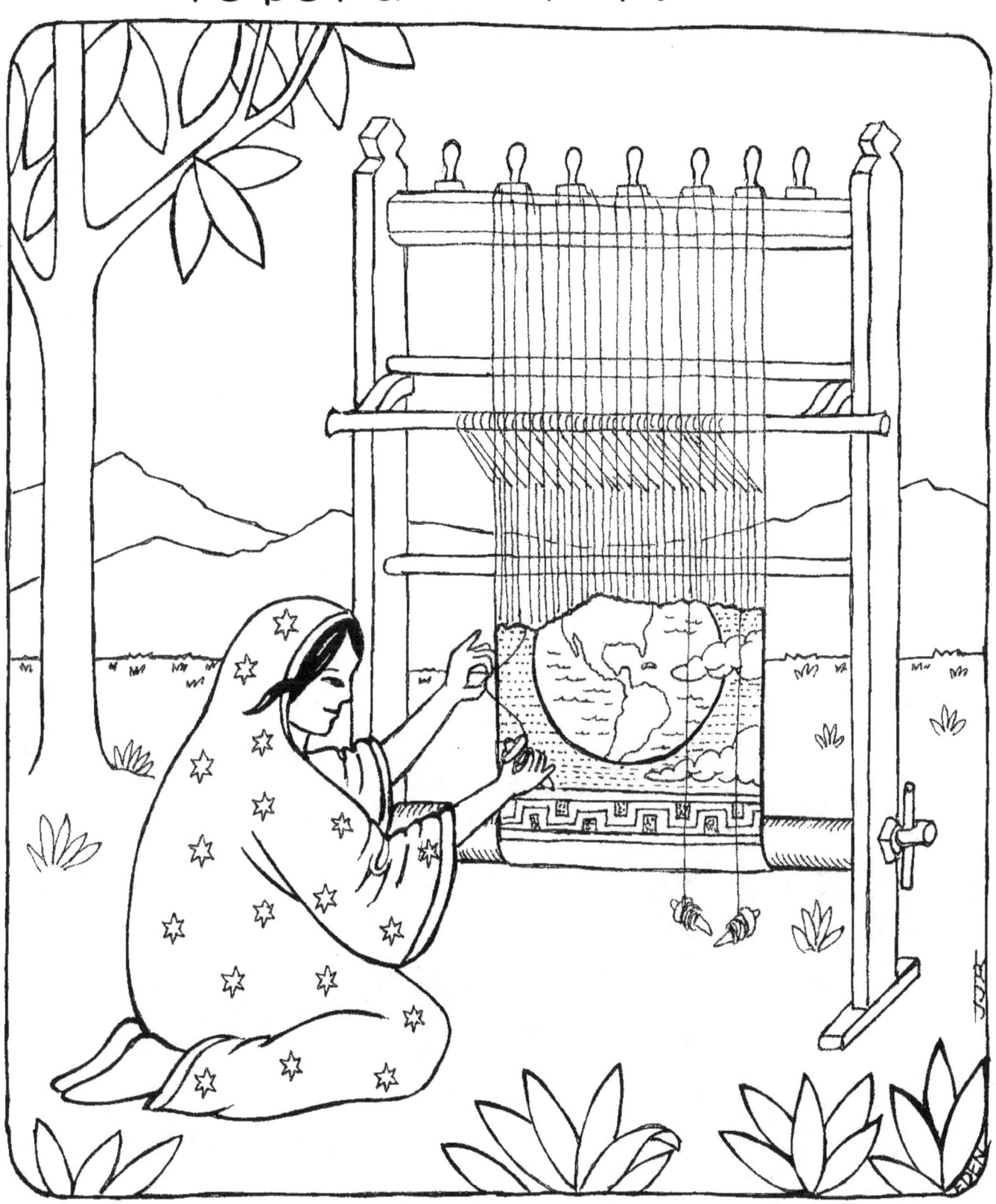

Nuestra Señora de Guadalupe teje la existencia del mundo.

Este es el segundo de una serie de libros para colorear de "YO SOY" para niños de todas las edades creado por James Roderick y Naomi Lake. James es un artista que ha creado más de 40 pinturas dedicadas a Nuestra Señora de Guadalupe. Su trabajo se enfoca hacia balancear la Femineidad Divina dentro de nuestra sociedad de hoy. Naomi Lake ha dedicado su vida como sanadora a ayudar a individuos y grupos a entretejer los textiles de su salud consciente. Viven en un pequeño pueblo al sur de Colorado acunado entre las montañas de Sangre de Cristo con un perro, un gato, un pez dorado, y sus imaginaciones.

Para contactar a James: jjr2223@yahoo.com

www.jamesjosephroderick.com

www.jamesroderick@fineartamerica.com

Para contactar a Naomi: Naomi@naomilake.com

www.naomilake.com

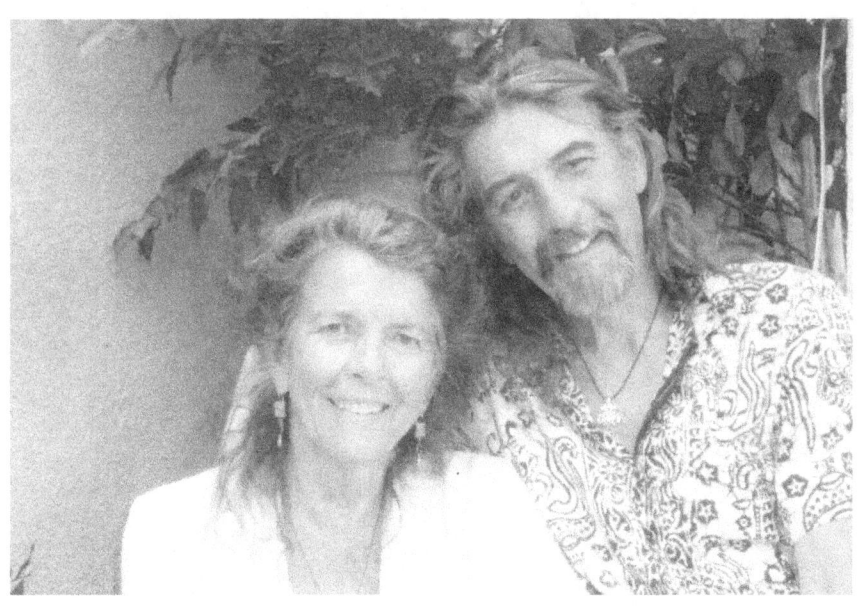

Hemos creado este libro para colorear de "I AM" de Guadalupe con el mayor respeto y admiración hacia Nuestra Señora de Guadalupe con el humilde deseo de traerla más cerca a nuestros corazones.